Isabel Krause

Mythen in der Markenführung

Entwicklung eines semiotischen
Analysemodells für Markenmythen
am Beispiel des Marlboro-Cowboys

Diplomica Verlag GmbH

**Krause, Isabel: Mythen in der Markenführung: Entwicklung eines semiotischen Analysemodells für Markenmythen am Beispiel des Marlboro-Cowboys.
Hamburg, Diplomica Verlag GmbH 2013**

Buch-ISBN: 978-3-8428-6223-4
PDF-eBook-ISBN: 978-3-8428-1223-9
Druck/Herstellung: Diplomica® Verlag GmbH, Hamburg, 2013

Bibliografische Information der Deutschen Nationalbibliothek:
Die Deutsche Nationalbibliothek verzeichnet diese Publikation in der Deutschen Nationalbibliografie; detaillierte bibliografische Daten sind im Internet über http://dnb.d-nb.de abrufbar.

Das Werk einschließlich aller seiner Teile ist urheberrechtlich geschützt. Jede Verwertung außerhalb der Grenzen des Urheberrechtsgesetzes ist ohne Zustimmung des Verlages unzulässig und strafbar. Dies gilt insbesondere für Vervielfältigungen, Übersetzungen, Mikroverfilmungen und die Einspeicherung und Bearbeitung in elektronischen Systemen.

Die Wiedergabe von Gebrauchsnamen, Handelsnamen, Warenbezeichnungen usw. in diesem Werk berechtigt auch ohne besondere Kennzeichnung nicht zu der Annahme, dass solche Namen im Sinne der Warenzeichen- und Markenschutz-Gesetzgebung als frei zu betrachten wären und daher von jedermann benutzt werden dürften.

Die Informationen in diesem Werk wurden mit Sorgfalt erarbeitet. Dennoch können Fehler nicht vollständig ausgeschlossen werden und die Diplomica Verlag GmbH, die Autoren oder Übersetzer übernehmen keine juristische Verantwortung oder irgendeine Haftung für evtl. verbliebene fehlerhafte Angaben und deren Folgen.

Alle Rechte vorbehalten

© Diplomica Verlag GmbH
Hermannstal 119k, 22119 Hamburg
http://www.diplomica-verlag.de, Hamburg 2013
Printed in Germany

Für Tobias († 05.01.2012)

Lieblingskommilitone und Verbündeter beim Bestreiten sämtlicher Herausforderungen in den ersten beiden Semestern meines Masterstudiums.

Danke, dass es Dich gab.

Inhaltsverzeichnis

Abbildungsverzeichnis 3

1 Einleitung 5
   1.1 Wo ist der Cowboy geblieben? 5
   1.2 Problemstellung 8
   1.3 Zielsetzung 9
   1.4 Aufbau der Untersuchung 10

2 Die Macht der Marke 12
   2.1 Was macht starke Marken unwiderstehlich? 12
      2.1.1 Wirkungsbezogene Definition der Marke 12
      2.1.2 Funktionen der Marke 13
      2.1.3 Markenidentität und Markenschemata 15
   2.2 Das Leben einer Marke - Markenlebenszyklus 17
   2.3 Kontinuität als einziger Schlüssel zum Erfolg? 22

3 Mythen in der Markenwelt 26
   3.1 Definition Mythos 26
   3.2 Mythos und Marke als Mitteilungssystem 28
   3.3 Semiotik des Mythos 32

4 Analyse 41
   4.1 Entwicklung des mythologischen Analysesystems 41
   4.2 Untersuchungsschritte 45
      4.2.1 Hat die Marke Mythos-Charakter? 45
      4.2.2 Welcher Mythos steckt in der Marke? 46
      4.2.3 Markengeschichte und äußere Einflüsse 46
      4.2.4 Untersuchung des Wertesystems 47
      4.2.5 Interpretation und Wirkung auf den Verbraucher 49
   4.3 Untersuchung der Marke Marlboro (Jahre 1902 bis 2007) 50
      4.3.1 Hat die Marke Mythos-Charakter? 50
      4.3.2 Welcher Mythos steckt in der Marke? 51
      4.3.3 Markengeschichte und äußere Einflüsse 53
      4.3.4 Untersuchung des Wertesystems 56
      4.3.5 Interpretation und Wirkung auf den Verbraucher 59
      4.3.6 Die Abkehr vom Cowboy 71

Inhaltsverzeichnis

- 4.4 Untersuchung der MAYBE-Kampagne 73
  - 4.4.1 Kampagnen-Phasen 73
  - 4.4.2 Die „Generation Maybe" 78
  - 4.4.3 MAYBE und die Werte der Marke Marlboro 79
- 4.5 Der Cowboy heute 83
  - 4.5.1 Back to Marlboro Country 86
  - 4.5.2 Be a real man 87
  - 4.5.3 Be a real Cowgirl 87
  - 4.5.4 Submarke „BE" für die jüngere Zielgruppe 88
  - 4.5.5 The real flavor 88
  - 4.5.6 Sortiments-Straffung 88

5 Zukünftige Bedeutung des Mythos für Marken 90

Anlagen 93
Literaturverzeichnis 96

Abbildungsverzeichnis

Abbildung 1: Marlboro-Kampagne 2008 5

Abbildung 2: BE-Marlboro-Kampagne 2011 6

Abbildung 3: MAYBE-Kampagne 2012 6

Abbildung 4: Lebenszyklusmodell einer Marke 19

Abbildung 5: Folgen des Kommunikationsbruchs bei Camel für die Entwicklung des Marktanteils im Zigarettenmarkt 22

Abbildung 6: Denotation und Konnotation als primäres und sekundäres Bedeutungssystem 34

Abbildung 7: Dyadisches Zeichenmodell nach de Saussure 35

Abbildung 8: Schema des Zusammenspiels von Objekt, Zeichen und Bedeutung 36

Abbildung 9: Zusammensetzung der Objektsprache auf der ersten Bedeutungsebene 36

Abbildung 10: Der Mythos als semiologisches System 37

Abbildung 11: Der Mythos der Marke Coca-Cola im semiologischen System 39

Abbildung 12: Erweiterung des mythologischen Systems um ein Wertesystem 43

Abbildung 13: Vollständiges Analysemodell auf Basis des mythologischen Systems 45

Abbildung 14: Die Marke Marlboro im mythologischen System 52

Abbildung 15: Zeitstrahl der Marke Marlboro (1902 - 2007) 54

Abbildung 16: Wertewandel in der Gesellschaft (1950er bis 2000er Jahre) 57

Abbildung 17: MAYBE-Kampagne Dezember 2011 74

Abbildung 18: Verschiedene Motive der MAYBE-Kampagne 2012 74

Abbildung 19: MAYBE-Kampagnenmotiv in der Schweiz, September 2012 75

Abbildung 20: Zeitstrahl der Marke Marlboro (2007 - 2012) 77

Abbildung 21: Werte des Cowboys vs. Werte der MAYBE-Kampagne 81

Abbildung 22: Untersuchungsschritte im Überblick 93

Abbildung 23: Marktanteil der Marke Marlboro (ab 1975) 94

Abbildung 24: Zeitstrahl der Marke Marlboro mit Abbildung der Marktanteile (ab 1975) 95

1 Einleitung

1.1 Wo ist der Cowboy geblieben?

Es ist noch gar nicht all zu lange her, dass der Mann mit dem charismatischen Gesicht, den engen Jeans und der tief ins Gesicht gezogenen Hutkrempe auf Plakaten zu sehen war. Wer erinnert sich nicht an die endlosen Weiten, die Steppe, die Canyons und die Pferde, die eingefangen und gezähmt werden wollten von den Cowboys aus Marlboro Country? Man freute sich beim Kinobesuch auf die Marlboro-Werbung - auf einen Hauch von Freiheitsgefühl mitten im tristen Alltag. Für ein paar Minuten konnte man fliehen nach Marlboro Country. Man beneidete den Cowboy, den Individualisten, der stets bereit war, sich allen Herausforderungen seiner Umwelt zu stellen. Ganz lässig und unbeeindruckt mit einer Marlboro im Mundwinkel (vgl. Abbildung 1).

Abbildung 1: Marlboro-Kampagne 2008

Quelle: http://www.neuroanker.de/blog-post/der-marlboro-mann-fehlt

Doch wo ist er nun geblieben der sagenumwobene Mann, der in die spannende Welt des Marlboro-Landes eingeladen hat? Der Cowboy ist weg. Eingegangen in die ewigen Jagdgründe von Marlboro Country in den Rocky Mountains, um Platz zu machen für den vermeintlich moderneren

Abenteurer der Großstädte, der mit Schal, Jacket und frisch geputzten Schuhen durch eine Berglandschaft spaziert (vgl. Abbildung 2). Die Marke Marlboro, die jahrelang lang als mutig und naturverbunden positioniert war und die Werte Abenteuer und Freiheit verkörperte, repräsentiert nun ein verwaschenes Bild eines modernen Abenteurers, der wenig abenteuerlich aussieht (Stachura 2011).

Abbildung 2: BE-Marlboro-Kampagne 2011

Quelle: www.taringa.net/posts/imagenes/14592350/Publicidad-Marlboro-_Hace-unos-anos_.html

So zumindest präsentierten sich die ersten Motive einer neuen Marlboro-Kampagne Anfang 2011, als der Cowboy als Werbeikone für die Marke verschwand und durch die „BE-Marlboro"-Kampagne und im Dezember 2011 schließlich durch die „MAYBE"-Kampagne ersetzt wurde. Lässt sich bei der „BE-Marlboro"-Kampagne noch die Szenerie der Rocky Mountains als schwacher Hinweis auf das Marlboro Country erahnen, werden in der nachfolgenden „MAYBE"-Kampagne hauptsächlich urbane Großstadt-Szenen abgebildet (vgl. Abbildung 3).

Abbildung 3: MAYBE-Kampagne 2012

Quelle: http://broell.blogspot.de/2012/03/marlboro-maybe-eine-wette-mit-philip.html; www.wuv.de/marketing/marlboro_setzt_maybe_kampagne_aus

Slogans wie „Maybe will never be her own Boss" oder „Maybe never fell in love" sollen suggerieren, dass jemand, der „vielleicht" sagt und keine eindeutigen Entscheidungen trifft, keinen Erfolg haben wird. Die Kampagne soll zu Entschlossenheit und klaren Positionen auffordern. Leider verleiten die Slogans vor allem in Deutschland zu falschen Übersetzungen und führen zu einem Missverstehen der eigentlichen Werbeaussage. „Sie wird vielleicht nie ihr eigener Boss sein" oder „Sie hätten sich wahrscheinlich nie verliebt" sind die am naheliegendsten Aussagen, die sich aus einer direkten Übersetzung ergeben.

Was alle Motive gemein haben, ist der Verweis unter dem jeweiligen Slogan „BE Marlboro". Übersetzt: „Sei Marlboro". Doch möchte die Zielgruppe wirklich „Marlboro" sein? Wollten treue Markenverwender nicht viel lieber ein Cowboy sein? Es stellt sich nun die Frage, ob sich die Konsumenten tatsächlich noch mit dieser Marke identifizieren können.

Was immer Marlboro mit der Kampagne ausdrücken möchte, der neue Markenauftritt hat nichts mehr zu tun mit Lagerfeuerromantik und endlosen Weiten, nichts mehr mit dem Cowboy. Die sagenumwobene Identifikationsfigur ist weg. Was bleibt nun in den Köpfen der Konsumenten zurück wenn sie an die Marke Marlboro denken? Waren nicht der Cowboy und Marlboro Country *die* Erfolgsfaktoren der Marke? Haben nicht genau diese Elemente die Marke über Jahre hinweg zu einer der erfolgreichsten, stärksten und am konsequentesten geführten Marken der Welt gemacht?

Beim Blick auf weitere erfolgreiche Marken wird deutlich, welche Rolle solche Identifikationsfiguren spielen können. Was wäre z.B. wenn der Bärenmarke-Bär auf einmal nicht mehr auf den saftigen Wiesen in den Bergen herumspringen würde, sondern durch eine vermeintlich modernere Figur ersetzt werden würde, die in einer Großstadt umherläuft? Was wäre Milka ohne die lila Kuh? Oder Meister Proper ohne den glatzköpfigen Mann? Massive Veränderungen des Markenauftritts wie bei Marlboro bergen immer die Gefahr eines Vertrauensverlustes bei den Kunden.

Es gibt Marken, die über Jahre, manche sogar über Generationen hinweg Erfolg haben, sich stets treu geblieben sind und doch die Relevanz in der Gesellschaft und bei ihren Kunden nie verloren haben. Es stellt sich die Frage, was diese Marken so erfolgreich gemacht hat. Gibt es einen Erfolgsfaktor, der sie verbindet? Was hat z.B. die Marke Nivea an sich, dass sie heute noch immer relevant ist? Was hat die Bärenmarke und was hat Milka an sich? Und was hatte der Cowboy? Sie alle umgibt etwas Geheimnisvolles. Etwas, das man nicht wirklich beschreiben kann. Jeder weiß, dass es starke Marken sind. Jeder hat beim Gedanken an die Marke ein vertrautes Gefühl. Schon bei der Großmutter stand die blaue Dose mit dem weißen Schriftzug am Waschbecken, die Mutter und sogar der Vater benutzten täglich Nivea-Creme und so wuchsen auch die Kinder mit der weißen Creme auf. Auch der Bärenmarke-Bär gießt seit Generationen die frische Milch in den Bottich und tanzt über die Wiesen in den Bergen. Die Bildmarke der Mutter-Kind-Einheit strahlt heute wie damals einen gewissen Schutz und Fürsorglichkeit aus (Grünewald 2008). Die Milka-Kuh verkörpert schon lange die „zarteste Versuchung seit es Schokolade gibt" und der Cowboy ritt viele Jahre lang durch die Rocky Mountains und entführte uns zum Klang des Marlboro-Songs in eine spannende Welt voller Freiheit und Abenteuer. Beim Gedanken an alle genannten Beispiele entstehen in unseren Köpfen Bilder und Assoziationen, die uns vertraute Geschichten erzählen und uns in andere Welten entführen. Legendär, sagenumwoben, sogar mythisch? Kann man hier von einem mythischen Charakter der Marken sprechen? **Ist es der Mythos, der diese Marken über Jahre, ja sogar über Generationen erfolgreich gemacht hat?**

1.2 Problemstellung

Erfolgreiche Marken besitzen oft einen mythischen Kern, auf den das gesamte Markenbild aufbaut oder der dem Konsumenten implizit vermittelt wird. Im heutigen Sprachgebrauch wird der Begriff Mythos sehr häufig verwendet. Sei es beim Gedanken an verstorbene Legenden wie Elvis Presley, Marilyn Monroe, James Dean und John F. Kennedy oder bei der Erwähnung eines Sportidols wie Husain Bolt, Weltfußballer Pelé oder der deutschen Nationalelf während einer Fußballweltmeisterschaft. Auch der amerikanische Mythos „vom Tellerwäscher zum Millionär" oder der Mythos vom Bermuda-Dreieck sind weit verbreitete Legenden. Sagen von griechischen und germanischen Göttern und Helden wie Sisiphos oder Thor, Erzählungen von König Arthus und seiner Tafelrunde gelten ebenfalls als Legenden oder Mythen. Auch Marken wie bspw. Coca Cola oder Jack Daniels sind von etwas Mythischem umgeben, welches schwer zu beschreiben ist. Dem Begriff Mythos haftet jedoch oft auch ein negativer Aspekt an wenn unterstellt wird, etwas entspräche nicht der Wahrheit, es sei also nur ein Mythos.

Auch erfolgreiche Marken wie Nivea, Bärenmarke, Milka oder Marlboro könnten einen mythischen Kern haben. Bei Nivea könnte dies der Mythos der Reinheit und Pflege sein, bei der Bärenmarke der Mythos der Mutter-Kind-Einheit und Fürsorge und bei Milka könnte es der Mythos der unberührten Natur in der Alpenwelt sein. Die Marke Marlboro könnte einzig durch den Cowboy-Mythos so erfolgreich geworden sein.

Es stellt sich nun die Frage, wie sich diese erfolgreichen Marken über lange Zeit hinweg behaupten konnten und welche Rolle der Mythos-Charakter hierbei spielt. Anhand der Marke Marlboro soll untersucht werden, wie der Mythos einer Marke über Jahre oder sogar über Generationen hinweg in einer sich ständig wandelnden Gesellschaft am Leben erhalten werden konnte und ob der Mythos dabei bestimmte Codes oder Werte vermittelt hat.

In Anbetracht der momentanen Situation der Marke Marlboro stellt sich die Frage, ob eine Marke, die über Jahrzehnte hinweg vom Cowboy-Image lebte, sich es leisten kann, dieses aufzugeben und es mit einer neuen Interpretation der Kernwerte Freiheit und Abenteuer schaffen wird, neue Marktanteile zu gewinnen und sich weiterhin als Marktführer zu behaupten.

Wird der Marke aufgrund einer strategischen Neuausrichtung auf dem Markt ein solcher Mythos genommen, oder hat der Mythos keine Relevanz mehr in der Gesellschaft, kann das der Untergang einer einst erfolgreichen Marke sein. Im Fall der Marke Marlboro könnte die Abkehr vom Cowboy-Mythos ebenfalls negative Folgen haben.

1.3 Zielsetzung

Das Ziel der vorliegenden Untersuchung ist es herauszufinden, welchen Einfluss Mythen in der Markenwelt besitzen und wie man mit Hilfe des Mythos eine Marke langfristig aufrecht und damit relevant halten kann. Anhand der Marke Marlboro soll im Rahmen einer qualitativen Analyse untersucht werden, welchen Gehalt Mythen im Kern einer Marke haben und was sie imstande sind, ihr zu geben. Dabei gilt es, mit Hilfe der Semiotik bestimmte Werte und Codes zu entschlüsseln, die von einer erfolgreichen Marke mit Mythos-Charakter verkörpert werden. Dies soll bei der Beantwortung der Frage helfen, welche Rolle der Mythos für den Erfolg von Marken spielt. Der Schwerpunkt liegt hierbei auf der Untersuchung des Cowboy-Mythos im Zusammenhang mit der Marke Marlboro. Aus den Ergebnissen der Analyse werden Erkenntnisse generiert und Handlungsempfehlungen für die Marke Marlboro abgeleitet.

1.4 Aufbau der Untersuchung

Kapitel 2 dieser Studie befasst sich mit der Erarbeitung der für die Zielsetzung relevanten theoretischen Grundlagen. Um die Auswirkungen zu untersuchen, die eine Marke auf den Konsumenten haben kann, wird zunächst der Begriff der Marke aus wirkungsbezogener Sicht definiert und eingeordnet. In diesem Zusammenhang sollen auch die verschiedenen Funktionen der Marke aus Verbrauchersicht dargestellt werden. Die Begriffe Markenimage, Markenidentität und Markenschemata werden vorgestellt und voneinander abgegrenzt. Anhand des Markenlebenszykluskonzepts wird im Anschluss daran die Wichtigkeit von Kontinuität und Relevanz in der Markenführung verdeutlicht. Diese Faktoren verleihen einer Marke Macht über den Konsumenten. Durch die Aufladung mit zusätzlichen Bedeutungen und bestimmten Codes können erfolgreiche Marken es schaffen, über Jahre hinweg relevant zu bleiben. Dem Mythos wird hierbei eine besonders wichtige Rolle zugeschrieben.

Kapitel 3 beschäftigt sich im Anschluss daran mit dem Thema Mythos. Es wird angenommen, dass der Mythos als Instrument der Markenkommunikation in der Lage ist, Marken erfolgreich sein zu lassen und diesen Relevanz sowie Kontinuität verleihen. Um die Macht des Mythos verstehen zu können, erfolgt zunächst eine schrittweise Annäherung an dieses Phänomen. Zur Erklärung des Konstrukts Mythos werden verschiedene Definitionen und Begriffsabgrenzungen herangezogen, bevor der Mythos mit Hilfe des semiologischen Systems von Roland Barthes untersucht wird, um die Vielschichtigkeit des Mythos zu verdeutlichen.

Da angenommen wird, dass der Cowboy-Mythos für die Marke Marlboro und deren Erfolg eine wichtige Rolle spielt, wird in der Analyse in Kapitel 4 der Schwerpunkt auf diese Marke und die Werbefigur des Cowboys gelegt. Die Marke soll hinsichtlich ihrer Entwicklung sowie geschichtlicher, gesellschaftlicher und medialer Einschnitte im Verlauf der letzten Jahrzehnte untersucht werden. Zu diesem Zweck wird ein Analysemodell entwickelt, mit dessen Hilfe der Mythos der Marke Marlboro untersucht werden soll. Das Analysemodell baut auf das mythologische System von Roland Barthes auf und wird in diesem Schritt um zwei wichtige Untersuchungselemente erweitert. Danach werden die konkreten Untersuchungsschritte im Einzelnen festgelegt, um die praktische Anwendbarkeit des Modells zu gewährleisten.

Im Anschluss daran findet das zuvor entwickelte Analyseraster anhand der Marke Marlboro Anwendung. Die qualitative Analyse soll Erkenntnisse darüber liefern, ob der Erfolg der Marke dem Cowboy-Mythos zuzuschreiben ist und welche Bedeutung die MAYBE-Kampagne für die Marke hat. Hieraus sollen Handlungsempfehlungen bezüglich der weiteren Markenführung von Marlboro abgeleitet werden. Die Untersuchung schließt mit einem Ausblick auf die Bedeutung des Mythos für Marken.

2 Die Macht der Marke

2.1 Was macht starke Marken unwiderstehlich?

Der Cowboy ist weg. Und mit ihm vielleicht auch bald die Marke Marlboro. Was bleibt übrig, wenn man beim Gedanken an die Marke den Cowboy und die Rocky-Mountain-Idylle außen vor lassen muss? Waren es nicht genau diese Assoziationen, die beim Verbraucher die Marke definiert haben? Wie kommt es dazu, dass ein simples Produkt, wie im Falle Marlboros eine Zigarette, es schaffen kann in den Köpfen von Rauchern und Nichtrauchern automatisch eine Bildwelt der Freiheit und des Abenteuers, der Lagerfeuerromantik und der Cowboys zu öffnen (Esch 2008, S. 24)? Um herauszufinden, wie eine solche Wirkung entstehen kann, muss zunächst untersucht werden, wie das Prinzip Marke funktioniert.

2.1.1 Wirkungsbezogene Definition der Marke

Der Markenbegriff soll an dieser Stelle weder im klassischen Verständnis aus merkmalsbezogener Sicht noch aus rechtlicher, wettbewerbs-, oder erfolgsorientierter Sicht definiert werden (Esch; Langner; et al. 2005, S. 9 ff.). Hintergründe zur historischen Entwicklung und unterschiedlichen Kategorisierungen des Markenverständnisses sollen an dieser Stelle ebenfalls nicht vorgestellt werden. Diese werden in der Grundlagenliteratur bereits hinlänglich bearbeitet und diskutiert[1]. Für die Zielsetzung der vorliegenden Untersuchung geht es vielmehr um das Verständnis des Einflusses einer Marke auf den Konsumenten. Da untersucht werden soll, wie ein Produkt bestimmte Assoziationen im Kopf des Verbrauchers auslösen kann, wird im Folgenden auf die sogenannte **wirkungsbezogene Sichtweise** näher eingegangen, die sich am Konsumenten ausrichtet.

Das subjektive, nachfragerbezogene Markenverständnis ist somit die Grundlage für den in dieser Untersuchung verwendeten Markenbegriff. Meffert et al. definieren demnach die Marke

---

[1] Ausführliche Markendefinitionen und Hintergründe zur Entwicklung der Marke liefern. z.B. Bruhn (2004, S. 5 ff.); Esch (2008, S. 1 ff., 17 ff.); Aaker/Mader (1992, S. 22) oder Kotler/Bliemel (2006, S. 735 ff.). Einen Überblick über Begriff und Funktionen einer Marke geben u.a. auch Bismarck/Baumann (1995, S. 27 – 44) oder Boldt (2010, S. 4 – 8).

„als ein in der Psyche des Konsumenten und sonstiger Bezugsgruppen der Marke fest verankertes, unverwechselbares Vorstellungsbild von einem Produkt oder einer Dienstleistung [..]." (Meffert et al. 2002, S. 6)

Eine Marke entsteht also dann, wenn sie beim Verbraucher ein relevantes, unverwechselbares und positives Image auslöst (Esch; Wicke; et al. 2005, S. 11). Dabei soll die Leistung, die der Marke zu Grunde liegt, *„über einen längeren Zeitraum in gleichartigem Auftritt und in gleich bleibender oder verbesserter Qualität"* (Meffert et al. 2002, S. 6) angeboten werden. Dieser wirkungsbezogene Ansatz betrachtet die Marke über die Wahrnehmung des Verbrauchers. Psychologische und soziologische Aspekte wie Motivationen, Werte, Emotionen und Einstellungen der Konsumenten spielen hierbei eine wichtige Rolle (Bruhn 2004, S. 11).

Nach diesem Ansatz kann eine starke Marke nur dann entstehen, wenn die Konsumenten ihr gegenüber ein gewisses Vertrauen aufbauen und ihr über einen längeren Zeitraum hinweg eine bestimmte Identität zuschreiben. Nur eine Marke, die über eine klare Identität in den Köpfen der Konsumenten verfügt, kann es schaffen, eine dauerhafte Kundenbindung und dadurch Markentreue aufzubauen. Neben einem klaren, prägnanten Auftritt der Marke verhelfen demnach vor allem die positiven, relevanten und unverwechselbaren Vorstellungen und Assoziationen im Kopf des Verbrauchers zu einer gewissen Markenstärke (Meffert et al. 2002, S. 6; Weinberg, 1995, S. 2681 zit. nach Esch 2008, S. 22).

Neben funktionalen und materiellen Aspekten eines Produktes bestimmen somit hauptsächlich emotionale Aspekte wie Gefühle, persönliche Assoziationen und Erfahrungen die Wirkung auf den Verbraucher. Das Beispiel Marlboro macht deutlich, in welchem Ausmaß es eine starke Marke vermag, beim bloßen Gedanken an den Markennamen automatisch Gefühls- und Bildwelten im Kopf des Konsumenten zu öffnen (Esch 2008, S. 22).

2.1.2 Funktionen der Marke

Nachdem der Begriff der Marke aus Verbrauchersicht definiert und eingeordnet wurde, soll nun auf die verschiedenen Funktionen eingegangen werden, die Marken innehaben können. Aus Sicht des Konsumenten bietet eine Marke vielerlei Nutzen im Laufe des Kaufentscheidungsprozesses[2]. Neben Orientierungshilfe, Entlastungs-, Qualitätssicherungs- und Prestigefunktion sind an dieser Stelle vor allem die Vertrauens- und die Identifikationsfunktion hervorzuheben (Meffert et al. 2002, S. 9 ff.). Die **Vertrauensfunktion** kann erklärt werden, indem die Verhaltensunsicherheit aufgrund gewisser Informationsdefizite beim Kauf eines Produktes oder einer Dienstleistung betrachtet wird. So haben Konsumenten vorwiegend beim Kauf eines neuen Produktes, welches sie noch nicht verwendet haben und somit nicht umfassend beurteilen können, ein hohes Risikoempfinden. Kann das Produkt nun mit einer bestimmten Marke in Verbindung gebracht werden, mit welcher beim Kunden bereits positive Eigenschaften und Assoziationen verknüpft sind, mindert sich das empfundene Kaufrisiko. Die Wiedererkennung einer Marke schafft somit ein gewisses Maß an Sicherheit, signalisiert eine bestimmte Leistungsqualität, erleichtert die Orientierung in einer Fülle von Angeboten und schafft dadurch Vertrauen in ein Produkt, mit dem zuvor noch keine Erfahrungen gemacht wurden (Meffert et al. 2002, S. 9 f.; Esch 2008, S. 24).

Schon Domizlaff, Begründer der Markentechnik, beschreibt im Jahr 1939 in seinen Grundsätzen der natürlichen Markenbildung:

> *„Der Wert eines Markenartikels beruht auf dem Vertrautsein des Verbrauchers mit dem Gesicht des Markenartikels. Das Markengesicht ist ein Zusammenklang sämtlicher wesentlicher Besonderheiten und Eigenschaften des Markenartikels, die nach erfolgreicher Einführung nicht mehr getrennt werden dürfen."* (Domizlaff 2005, S. 91)

Es wird erneut deutlich, dass ein Produkt erst dann zu einer Marke werden kann, wenn der Konsument ihm gegenüber im Laufe der Zeit ein gewisses Vertrauen aufgebaut hat und ihm eine bestimmte Identität zuschreiben kann. Dieses „Markengesicht" mit seinen wesentlichen Eigenschaften sollte laut Domizlaff nach dessen Einführung nicht mehr geändert werden. Nur so kann das Vertrauen aufrechterhalten werden. Der Mensch sucht dem Instinkt nach vor allem bei neuen Produkten oder Dienstleistungen gerne nach etwas Vertrautem, nach etwas, das er mit positiven Erfahrungen verknüp-

---

[2] Vgl. hierzu Meffert et al. (2002, S. 9 ff.), im Speziellen Abb. 4 „Nutzen der Marke aus Nachfragerperspektive", S. 10.

fen kann. Darum leben starke Marken von der Wiedererkennung und vom bereits vorhandenen Wissen über gute Leistungen eines Produktes. Dieses, wie Zschiesche und Errichiello es nennen, *positive Vorurteil* ermöglicht es, Vertrauen zu schaffen und den Verbraucher mit geringem Aufwand zu überzeugen (Zschiesche; Errichiello 2008, S. 21, 32).

Meffert et al. schreiben der Marke neben den oben genannten Funktionen des Weiteren eine **Identifikationsfunktion** zu, welche für den weiteren Verlauf dieser Untersuchung ebenfalls von besonderer Bedeutung ist. Hierbei identifiziert sich der Konsument mit einzelnen Eigenschaften der Marke und definiert dadurch sein Selbstbild (Meffert et al. 2002, S. 11). Das **Markenimage**, welches als Fremdbild der Marke aus den Augen der relevanten Anspruchsgruppen definiert werden kann, spielt hierbei eine wichtige Rolle. Es entsteht durch Lernprozesse bei sämtlichen Kontakten und Erfahrungen mit der Marke (Esch; Langner; et al. 2005, S. 106). Beim Abgleich des Selbstbildes mit dem Markenimage können für den Konsumenten vor allem emotionale Zusatznutzen, welche über die funktionalen Nutzen eines Produktes hinaus gehen, hilfreich sein (Gaiser 2005, S. 9). Auf diese Weise kann der Verbraucher mit seinem sozialen Umfeld durch die Verwendung einer Marke kommunizieren, seine Persönlichkeit oder eine gewisse Gruppenzugehörigkeit zum Ausdruck bringen oder sich abgrenzen (Meffert et al. 2002, S. 11 f.). So können Marken als emotionale Anker dienen, die bestimmte Gefühle und Images vermitteln und somit eigene Wertvorstellungen nach außen kommunizieren können (Esch 2008, S. 24).

2.1.3 Markenidentität und Markenschemata

Die **Markenidentität**[3] verkörpert die Wurzeln einer Marke und bestimmt damit, wofür eine Marke steht. Sie beinhaltet alle wesentlichen, zeitlich beständigen und wesensprägenden Eigenschaften der Marke in Form von unverwechselbaren, einmaligen Zusammenstellungen von Gedankenverknüpfungen, die bei den Anspruchsgruppen als Gedächtnisstrukturen zur Marke gespeichert werden (Esch; Langner; et al. 2005, S. 106; Esch 2008, S. 81). Beim Gedanken an Marlboro setzen sich diese Gedächtnisstruktu-

---

[3] Nähere Ausführungen zu Markenidentität, Zusammenhang von Markenidentität und Markenimage sowie Ansätze zur Erfassung der Markenidentität (u.a. durch das Markensteuerrad) liefern z.B. Esch (2008, S. 79 – 124; 2005, S. 65 f.) oder Adjouri (1993, S. 89 – 114).

ren, die sogenannten *Schemata,* zunächst aus den produktspezifischen Eigenschaften zusammen: aus Begriffen wie Zigarette, Rauch, Schachtel, bestimmte Verwendungssituationen wie z.B. eine Raucherpause. Darüberhinaus sind zusätzliche einzigartige Vorstellungen im Gehirn des Konsumenten gespeichert, welche ausschließlich für die Marke Marlboro gelten. Das sind der Cowboy, Pferde, Prärielandschaften und eine gewisse Lagerfeuer-Idylle. Diese einzigartigen zusätzlichen Gedanken bilden ein starkes Markenschemata.

Ein **Markenschemata** stellt demnach das Gedächtnisbild einer Marke dar. Es fasst alle Erfahrungen, Vorstellungen und Kenntnisse zusammen, die der Konsument zur Marke gespeichert hat und alles was er dazu assoziiert. Dabei finden kognitive Prozesse in seinem Gehirn statt, die mit bestimmten Bewertungsmustern und Emotionen verknüpft werden und welche diese schließlich auslösen. Diese Schemavorstellungen, also komplexe Wissenseinheiten mit typischen Eigenschaften und standardisierten Vorstellungen zu Objekten, Ereignissen und Situationen, erleichtern generell die Aufnahme, Verarbeitung und Speicherung von Informationen. Sie bestimmen, was wir wahrnehmen und wie wir dies tun. Aus diesem Grund sind starke Markenschemata essentiell für den Erfolg einer Marke (Sommer 1998, S. 71; Esch 2008, S. 63). Die Eigenschaft, die eine Marke ausstrahlt basiert allein auf den mit der Marke verbundenen Vorstellungen und Werten, die der Konsument als solche interpretiert. Wird nun der Auftritt einer Marke radikal verändert, werden bestimmte Teile des Markenschematas und somit bestimmte Einschätzungen, Bewertungen und Assoziationen gelöscht. Dies kann den emotionalen Wert der Marke schwächen und letztlich negative Auswirkungen auf den Markenerfolg haben (Sommer 1998, S. 71).

Eine Marke kann durch Markenschemata, welche sich beim Verbraucher eingeprägt haben, ferner ganze kulturelle Ordnungsmuster bereitstellen, in denen dieser sich und seine Identität wiederfinden kann (Bismarck; Baumann 1995, S. 43). Die Marke übermittelt bestimmte Bedeutungen und Codes, die vom Verbraucher entschlüsselt und verstanden werden können. Diese sogenannten *semantischen*[4] Merkmale sind nichtverbale Codes, die

---

[4] Semantik = die Bedeutung der Zeichen. Vgl. hierzu Karmasin (2004, S. 159 ff.).

der Mensch in der Lage ist, zu verarbeiten (Karmasin 2004, S. 159, 169). Unabhängig von Herkunft, Kultur und Sprachverständnis ist er mit Hilfe eines solchen allgemeingültiges Zeichensystem in der Lage, sich darzustellen und anderen mitzuteilen. So können Marken zusätzlich als Sprache benutzt werden, wie z.B. eine Rolex am Arm die gesellschaftliche Stellung des Trägers verdeutlichen kann (Heubach 1992, S. 190 zit. nach Bismarck; Baumann 1995, S. 44).

Durch Markenschemata und durch bestimmte Eigenschaften, die der Konsument einer Produktgruppe zuschreibt, ergibt sich nach Esch letztlich auch der **Markenwert**. Aus verhaltenswissenschaftlicher Sicht wird der Markenwert nicht als monetäres Messinstrument betrachtet, sondern vielmehr „als ,Wert' in den Köpfen der Anspruchsgruppen." (Esch 2008, S. 62). Esch differenziert dabei im Spezifischen die Konstrukte **Markenimage**, welches bereits in Kapitel 2.1.2 definiert wurde, als hinreichende Bedingung und die **Markenbekanntheit** als notwendige Bedingung für den Markenerfolg. Damit eine Marke ein bestimmtes Image vermittelt und Assoziationen bei den Konsumenten auslösen kann, muss die Marke zunächst bekannt sein (Esch 2008, S. 65). Diese Sichtweise basiert auf einer verhaltenswissenschaftlichen Betrachtung des Markenwerts und auf der Annahme, dass der Konsument durch Markenführungsaktivitäten ein bestimmtes Vorstellungsbild der Marke bekommt (Meffert; Burmann 2005, S. 38). Der Wert einer Marke beruht demnach auf der Existenz von Markenbekanntheit und Markenimage. Diese Betrachtung des Markenwerts kann für die Markensteuerung eingesetzt werden und dabei helfen, die Kontinuität einer Marke zu erhalten (Esch 2008, S. 63).

2.2   Das Leben einer Marke - Markenlebenszyklus

Hat es eine Marke geschafft, eine eigene Identität aufzubauen und ein einmaliges Bild in den Köpfen der Konsumenten zu manifestieren, geht es darum, diese Position zu halten. Eine Marke kontinuierlich weiterzuentwickeln, den äußeren Einflüssen wie Wirtschaft, Wettbewerb, Gesellschaft und Zeitgeist anzupassen und dabei der Markenidentität, den Wurzeln der Marke treu zu bleiben, stellt eine große Herausforderung dar. Dennoch ist dies eine notwendige Voraussetzung für das Überleben einer Marke (Esch 2008, S. 183 f.).

So wie auch Produkte oder Dienstleistungen einem bestimmten Lebenszyklus folgen, der durch verschiedene Entwicklungsphasen gekennzeichnet ist, sind auch Marken abhängig von einem Zyklus. Das Lebenszykluskonzept beschreibt im Allgemeinen, dass Produkte, Branchen, Märkte oder Marken eine begrenzte Lebensdauer haben. Im Zeitverlauf können neue Technologien und Produkte entstehen, welche die Bedürfnisse der Zielgruppen besser stillen können als die bestehenden. Das Lebenszyklusmodell bildet diese Entwicklungen anhand verschiedener Phasen ab (Bruhn 2004, S. 423). Es haben sich in der betriebswirtschaftlichen Forschung und Praxis unterschiedliche Anwendungsweisen des Lebenszykluskonzeptes entwickelt, welche alle auf dem allgemeinen Nachfrage- oder Produktlebenszyklus aufbauen (Bruhn 2004, S. 424). So kann auch der Lebenszyklus einer Marke, der sogenannte **Markenlebenszyklus**, auf den Produktlebenszyklus aufgebaut und entsprechend angepasst werden. Während das Modell des Produktlebenszyklus die Gewinn- und Umsatzentwicklung eines Produkts im Laufe der Zeit abbildet, bildet der Markenlebenszyklus hingegen den psychografische Wert einer Marke ausgedrückt durch Markenbekanntheit und Markenimage im Zeitverlauf ab (Enis et al. 1977, S. 48 zit. nach Salviti 2005, S. 7).

Abbildung 4 zeigt einen solchen Markenlebenszyklus, der auf das Grundmodell des Produktlebenszyklus aufbaut. Anstatt Umsatz und Gewinn eines Produktes stellt der Kurvenverlauf die Entwicklung des Markenwertes bzw. das Leben der Marke von ihrer Einführung bis zu ihrem Verschwinden vom Markt dar.

Abbildung 4: Lebenszyklusmodell einer Marke

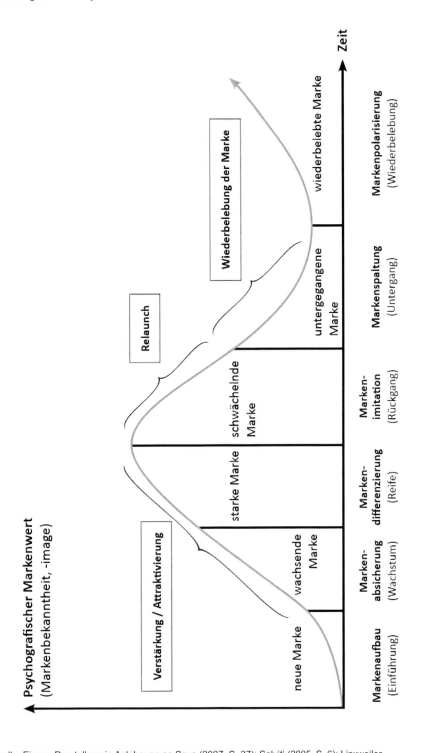

Quelle: Eigene Darstellung in Anlehnung an Sova (2007, S. 37); Salviti (2005, S. 6); Linxweiler (2004, S. 89 f.)

Die Abbildung zeigt, dass eine Marke während ihres Lebens verschiedene Phasen von der Einführung bis zur Wiederbelebung durchläuft. Der Markenwert, auf dem das Leben der Marke in dieser Darstellung beruht, wird hier definiert durch Markenbekanntheit und Markenimage. In der Einführungsphase (Markenaufbauphase) ist der Markenwert zunächst gering aufgrund der noch niedrigen Bekanntheit und des noch wenig prägnanten Images. In der Wachstumsphase (Markenabsicherungsphase) steigt der Markenwert stark an, da Bekanntheit und Image vor allem durch Kommunikationsmaßnahmen gesteigert und gefestigt werden (Hüttel 1998, S. 146 f. zit. nach Salviti 2005, S. 7). Die Reifephase (Phase der Markendifferenzierung) ist durch hohe Bekanntheit und ein positives Image geprägt. Die Bekanntheit steigt in dieser Phase nur noch gering und der Markenwert befindet sich hier auf dem Höhepunkt. Die Gründe für die Abnahme des Markenwertes und für eine schwächelnde Marke in der folgenden Phase (Markenimitation) können unterschiedlicher Art sein. Vermehrtes Aufkommen von Handelsmarken und steigender Wettbewerb führt zu einem veränderten Konsumentenverhalten, da auch die Preissensibilität steigt. Auch neue Technologien, neue Trends, aber auch wirtschaftliche, politische und gesellschaftliche Ursachen können für den Rückgang des Markenwertes verantwortlich sein. Reagiert die Marke in dieser Phase nicht auf den Zeitgeist und die sich ändernden äußeren Umstände, kann das ihren Untergang bedeuten. In der Phase der Markenspaltung kristallisiert sich heraus, welche Marken dem hohem Preis- und Qualitätsbewusstsein der Konsumenten und dem gleichzeitig stagnierendem Marktwachstum standhalten können. In dieser Phase können sich nur starke Marken weiter behaupten. In der Phase der Markenpolarisierung können die auf dem Markt verbleibenden Anbieter wieder wachsen und ihre Marke stärken (Salviti 2005, S. 8; Linxweiler 2004, S. 89 f.).

Der Markenwert nimmt jedoch, wie in Abbildung 4 ersichtlich, nicht rasch ab sondern langsam. Dies hängt damit zusammen, dass starke Marken noch sehr lange und prägnant in den Köpfen der Konsumenten vorhanden sind, auch wenn diese nicht mehr durch Kommunikationsmaßnahmen beworben werden. Bestimmte Assoziationen und Schemata, die zur Marke aufgebaut wurden, werden nur langsam wieder vergessen (Aaker 1992, S. 89 f.; Berenson et al. 1994, S. 53; Meffert et al., S. 170 f. zit. nach

Salviti 2005, S. 8). In einer Wiederbelebungsphase können schwache oder untergehende Marken z.B. durch einen Relaunch oder eine Wiedereinführung neu belebt werden. Um dem Rückgang des Markenwertes entgegenzuwirken, können bereits in der Reifephase Instrumente eingesetzt werden, welche die Stärkung und Attraktivierung aufstrebender Marken unterstützen (Sova 2007, S. 36). Marktforschung, Marketing und die ständige Überprüfung des Marktgeschehens und -wandels können hierbei hilfreich sein. Im Mittelpunkt der Betrachtung sollten hierbei Verwendungskultur, Stimmigkeit von Markenaussage und Produkt, Kontinuität in der vermittelten Botschaft und die Positionierung stehen (Rheingold 2008).

Auf dem Weg zur Anpassung an veränderte Marktgegebenheiten wie gesellschaftliche Umbrüche oder sich ändernde Konsumentenbedürfnisse, ist es für eine Marke essentiell, die Markenpersönlichkeit zu behalten (Esch 2008, S. 16). Wie wichtig eine konsistente Markenführung ist, macht auch das viel zitierte (Negativ-) Beispiel Camel deutlich. Der einsame Abenteurer, der *Camel Man*, der damals meilenweit und unerschrocken durch die Wildnis marschierte, um eine Camel zu bekommen, wurde im Jahr 1987 durch Joe Camel, ein lustiges Comic-Kamel, ersetzt, da der Hersteller befürchtete, die Marke hätte inzwischen ein angestaubtes Image (Buchholz; Wördemann 1999, S. 200). Von der Figur des Helden wurde zum Spaßvogel gewechselt, was nicht nur die Verbraucher irritierte, sondern auch zu Vorwürfen führte, die Marke würde nun vorrangig Kinder ansprechen (Mark; Pearson 2001, S. 199; DiFranza et al. 1991). Seither sank der Marktanteil der Zigarettenmarke kontinuierlich. Auch alle weiteren Versuche, der Marke wieder ein Gesicht zu geben, scheiterten. Ob Comic, Plüschkamel, Abenteuer oder entspannte Menschen im Jahr 2002 (Slogan: „Slow down. Pleasure up"), nichts konnte der Marke wieder Relevanz in der Zielgruppe verleihen. Der Markenauftritt passte einfach nicht mehr zur vorher aufgebauten Markenidentität (Langer et al. 2009, S. 109).

Abbildung 5: Folgen des Kommunikationsbruchs bei Camel für die Entwicklung des Marktanteils im Zigarettenmarkt

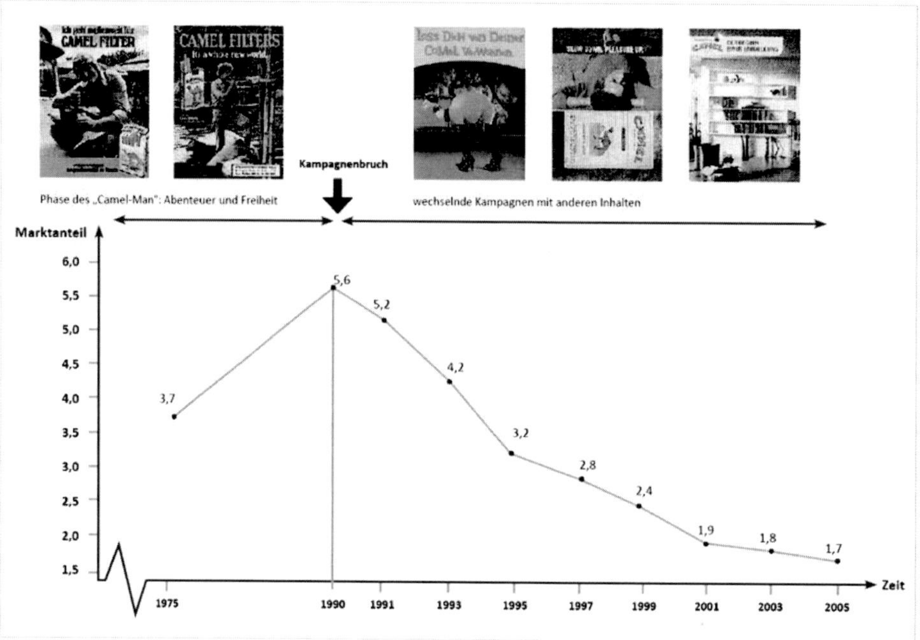

Quelle: in Anlehnung an Esch 2008, S. 17

Der Marktanteil von Camel sank, wie in Abbildung 5 ersichtlich, von ehemals 5,6 Prozent kontinuierlich bis auf 1,7 Prozent im Jahr 2005. Dies verdeutlicht, dass solch starke Veränderungen der Markenpersönlichkeit fatale Folgen haben können. Vorhandene Markenschemata und Vorstellungsbilder, die ein Konsument zu einer Marke über Jahre aufgebaut und gespeichert hat, lassen sich nicht so einfach auslöschen. Im Fall Camel konnten die neuen Bilder der Kampagnen nicht auf die vorhandenen Vorstellungen aufbauen und somit nicht auf das Markenimage einzahlen (Esch 2008, S. 17). Starke, konsistent geführte Marken dagegen *„sind im Zeitablauf resistent gegen Einflüsse von außen. Vorstellungsbilder zu Marken bauen sich kaum ab."* (Esch 2008, S. 17)

2.3 Kontinuität als einziger Schlüssel zum Erfolg?

Anhand des oben genannten Beispiels wird deutlich, dass Relevanz und vor allem Kontinuität in der Markenidentität die wohl wichtigsten Faktoren in der Markenführung sind, um eine Marke auf Dauer interessant zu halten.

Im Folgenden wird untersucht, ob es allein diese Faktoren sind, die erfolgreichen Marken eine gewisse Macht über die Kaufentscheidung von Konsumenten verleihen. Eine Macht, die den Konsumenten dazu verleitet, einem bestimmten Produkt gewisse Werte und Bedeutungen zuzuschreiben. Dies sind Zusatzbedeutungen, die über den Produktnutzen hinausgehen und letztlich als Kaufargument herangezogen werden. Bei Betrachtung der in Kapitel 2.1 beschriebenen Markenidentität, wird deutlich, dass eine Marke Eigenschaften und Wertewelten verkörpern kann. Diese Eigenschaften werden in Form von Symbolen und Zeichen ausgedrückt, die der Marke aus Konsumentensicht ein wohlvertrautes Gesicht verleihen. Durch diese Zusatzbedeutung wird die Marke zu einer Persönlichkeit, welcher der Verwender ein gewisses Vertrauen entgegen bringt (Bismarck; Baumann 1995, S. 23; Kehrer 2001, S. 207 f.). Diese Symbole und Zeichen bilden eine Art System, welches bestimmte Informationen zwischen einer Marke und dem Verbraucher vermitteln kann. Dieses Zeichensystem wird auch als *Code* bezeichnet, der wiederum einen Vorrat an Zeichen zur Verfügung stellt, der, geprägt durch gesellschaftlichen und kulturellen Kontext, zum Verständnis und zur Interpretation befähigt (Kindervater 2001, S. 36 f.). Darüber hinaus befähigen solche Codes dazu, dass sich der Konsument selbst mit Hilfe des Produktes darstellen und sich anderen mitteilen kann. So kann ein Porsche oder ein Armani-Anzug Aussagen darüber machen, wo der Verwender sich in der Gesellschaft sieht und v.a. darüber, wie er gesehen werden möchte. Produkte können demnach bestimmte Codes übermitteln, deren Bedeutung von anderen Gesellschaftsteilnehmern entschlüsselt und verstanden werden kann (Bismarck; Baumann 1995, S. 44). Karmasin schreibt die Fähigkeit, Produkten eine Symbolik zu verleihen, u.a. der Werbung bzw. den Massenmedien zu:

> „*[Werbung] hebt Produkte aus der Sphäre der Gebrauchswerte heraus und stattet sie so aus, dass sie signalisieren: [...] das hier ist ein ganz individuelles Produkt*".
> (Karmasin 2004, S. 385)

Werbung kann demnach Produkte mit einer Zusatzbedeutung belegen, die von der Gesellschaft verstanden wird. Dabei greift sie auf (semantische) Codes zurück, die in der Kultur bereits vorhanden sind (Karmasin 2004, S. 159).

Welche Codes sind es, die erfolgreiche Marken heute verkörpern? Es steht außer Frage, dass starke Marken meistens über nonverbale Inhalte verfügen, auf die schnell zurückgegriffen werden kann (Esch 2008, S. 69). Aber was hat z.B. die Marke Nivea darüber hinaus an sich, dass sie nach wie vor in der Gesellschaft relevant ist? Was hat die Bärenmarke, was hat Milka an sich? Und welche Codes vermittelt Marlboro mit dem Cowboy? Es sind vertraute Botschaften, die diese Marken vermitteln. Es ist offensichtlich, dass hier zum Teil irreale Welten vermittelt werden. Es gibt keinen Teddybären, der auf einer Alpenwiese lebt und Milch abfüllt, es gibt auch keine lila Kuh auf wohlbehüteten Weiden. Auch gibt es diese Art von Cowboy heutzutage nicht mehr, wie er in der Marlboro-Werbung dargestellt wurde. Dennoch werden beim Gedanken an diese Marken Assoziationen im Kopf des Verbrauchers ausgelöst, durch die sich ein Gefühl von Sicherheit und Vertrautheit einstellt. Seit Generationen gibt es nun den Bärenmarke-Bär, die Milka-Kuh und den Marlboro-Cowboy. Bild- und Gedankenwelten erzählen vertraute Geschichten und entführen in andere Welten. Irreal, aber dennoch vertraut. Welten, die mythisch und geheimnisvoll sind, aber dennoch ein Gefühl von Sicherheit geben.

Diesen Marken kann folglich ein mythischer Charakter zugeschrieben werden. Denn Mythen erzählen Geschichten, die bestimmte Aussagen und Werte vermitteln. Sie sind sozusagen Ideologieträger, die grundsätzliche Denk- und Bewertungsmuster der Kultur sichtbar machen (Karmasin 2004, S. 215). Mythen sind somit Träger von bestimmten Codes, die geprägt sind durch soziale Strukturen und Wertvorstellungen und je nach kulturellem Kontext verstanden und interpretiert werden können. Mythen können Produkte mit Werten und Bedeutungen aufladen, die Gefühle, Glauben und Zugehörigkeiten ausdrücken (Bismarck; Baumann 1995, S. 97).

Kann es also der Mythos sein, der erfolgreiche Marken über Jahre, oft sogar über Generationen erfolgreich macht? Welchen Einfluss übt ein Mythos bei der Identifikation mit der Marke beim Konsumenten aus? Liegt es am Cowboy-Mythos, dass die Marke Marlboro seit Jahrzehnten die weltweit am meisten verkaufte Zigarettenmarke ist und im Jahr 2012 noch immer zu den zehn wertvollsten Marken der Welt[5] zählt?

---

[5] http://de.statista.com/statistik/daten/studie/6003/umfrage/die-wertvollsten-marken-weltweit/

3 Mythen in der Markenwelt

3.1 Definition Mythos

Wie in Kapitel 1.2 bereits erwähnt, wird der Mythos-Begriff im heutigen Sprachgebrauch sehr häufig und in sehr unterschiedlichem Kontext verwendet: verstorbene Legenden, Sportidole, das Bermuda-Dreieck, Sagen von Göttern und Helden oder auch im Zusammenhang mit bestimmten Marken.

In der Literatur wird der Begriff in den unterschiedlichsten Wissenschaften untersucht und ist dennoch nicht leicht zu fassen, denn *„die Ungreifbarkeit des Mythos liegt in dessen Natur."* (Führer 2005, S. 15)

Aus dem Altgriechischen kommend bedeutet Mythos *„(heiliges) Wort, durch Institutionen autorisiertes „Überlieferungswort" oder „Erzählung", aber auch „Gerücht", „Gedanke".* Der auf Aristoteles zurückgehende Mythosbegriff definiert den Mythos als *„narrative Struktur, als Erzählmuster, das tradiert wird und in der Wiederholung variiert werden kann."* (Schnell 2000 zit. nach Führer 2005, S. 15; Brockhaus Mythologie 2010, S. 6).

Im Weiteren lässt sich der Mythos als

> *„eine überlieferte Dichtung, Sage, Erzählung, Geschichte oder narrative Sequenz aus der Vorzeit eines Volkes, die sich besonders mit Göttern, Dämonen, der Entstehung der Welt und der Erschaffung des Menschen befasst, [oder als] Person, Sache oder Begebenheit, die aus meist verschwommenen, irrationalen Vorstellungen heraus glorifiziert wird und legendären Charakter hat, [oder als eine] falsche Vorstellung beschreiben."* (Duden 1997 zit. nach Führer 2005, S. 15)

Generell kann Mythen etwas Zeitloses zugeschrieben werden. Es können uralte, aber auch sehr aktuelle zeitgenössische Geschichten sein, die eine Art Modellcharakter innehaben. Hierbei spielt es keine Rolle, wann sich diese Geschichten ereignet haben, denn ihre Aussage ist zeitlos und bewahrt ihre Bedeutung über Zeitgrenzen hinaus. So können Bilder und Geschichten dazu verwendet werden, *„andere Geschichten zu erzählen, Ge-*

danken zu erläutern, Problemstellungen zu schildern und Erfahrungsgehalte zu vermitteln." (Brockhaus Mythologie 2010, S. 5) Segal beschreibt den Mythos auch als erzählte Geschichte über etwas Bedeutendes (Segal 2007, S. 12).

Oftmals wird der Mythos-Begriff auch als Gegenpart des Logos-Begriffs[6], der aus dem Griechischen für „Vernunft", „Klarheit" und Wissenschaft" steht, definiert (Brockhaus Mythologie 2010, S. 6).

Görden und Meiser definieren Mythos als ein

> *„sinngebendes Grundprinzip der menschlichen Existenz und zugleich alles an einer Person oder einer Sache, was ihr eine über das Eigentliche hinausgehende Bedeutung gibt (der Mythos der Liebe der Mythos John Wayne)."* (Görden; Meiser 1994, S. 14)

Mythen in der Mehrzahl definieren die Wissenschaftler demnach als *„Geschichten, die sich aus einem Mythos ableiten und seine Prinzipien in Handlung umsetzen oder illustrieren (Göttermythen, Heldenmythen, Hollywoodmythen)."* (Görden; Meiser 1994, S. 14)

Noch deutlicher erklärt es die Unterscheidung in drei verwendungsspezifische Zugangsweisen zum Mythos: Zum einen die **historische Betrachtungsweise**, die Mythen als *„alte, gegebenenfalls auch veraltete Geschichten, die durch wissenschaftlich-technischen Fortschritt und gesellschaftliche und kulturelle Entwicklungen überwunden wurden, die möglicherweise aber neben Berichten über frühere Zeiten auch noch so etwas wie alte oder universale, eventuell sogar zeitlos gültige Wahrheiten oder Fragestellungen enthalten können"* (Brockhaus Mythologie 2010, S. 6) definiert. Zum anderen die **soziale Betrachtungsweise**, die Mythen als *„Denkmuster oder Beispielgeschichten, in denen zu allen Zeiten Gesellschaften oder auch kleinere soziale Gruppen eine Art kollektive Weltvorstellung oder Selbstbilder, auch kollektive Träume oder Fantasien, formulierten bzw. in Bildgeschichten umzusetzen und weiterzugeben suchten."* (Brockhaus Mythologie 2010, S. 6) Damit wird abermals der Bezug zu einer *Kollektiverzählung* deutlich, die sowohl in früheren Zeiten Gültigkeit hatte, aber sich auch in

---

[6] Eine ausführliche Betrachtung der Gegenüberstellung des Logos- und Mythos-Begriffes liefert u.a. Führer (2005, S. 19 ff.) oder Pelikan (2005, S. 15 f.).

der modernen Gesellschaft im Alltag, im Kollektivbewusstsein oder in einer Ideologie wiederfindet. Die dritte sogenannte **kulturelle Betrachtungsweise** knüpft hier an und sieht den Mythos als eine *„kollektiv erzeugte bzw. weitergegebene und zwischen Historie und Fiktion angesiedelte Erzählung."* (Brockhaus Mythologie 2010, S. 9) So können Mythen, kulturell gesehen, einen Vorrat an Geschichten, Figuren und Motiven weitertragen, die als eine Art kulturhistorischer Leitfaden betrachtet werden können, welcher den Menschen helfen kann, Grundfragen des Lebens oder Fragen über sich und ihre Stellung in der Welt zu beantworten. Mythen werden somit zu Kulturgütern, die Orientierung schaffen und immer wieder lehrreiche Einsichten bieten können. (Brockhaus Mythologie 2010, S. 9).

Görden und Meiser fassen zusammen, dass jeder einzelne mit Mythen einer Kultur verbunden ist, und dass diese mythischen Muster notwendig sind, um *„dem Leben einen Sinn zu geben und um überhaupt denken zu können."* (Görden; Meiser 1994, S. 16) Die Autoren machen damit deutlich, welche große, allgegenwärtige Rolle der Mythos nach wie vor in der Gesellschaft spielt. Auch wenn er oft nicht bewusst wahrgenommen wird oder gar missbilligend als psychologischer Hokuspokus abgetan wird, so ist er doch ein gesellschaftlicher Bestandteil, der in allen Kulturen gleichermaßen vorhanden ist.[7]

Bezugnehmend auf den ursprünglichen Titel dieser Studie „Ist der Mythos tot?" kann angenommen werden, dass laut diesen Aussagen der Mythos an sich nicht tot ist. Er spielt nach wie vor eine wichtige Rolle in der Gesellschaft, wenn auch oft nur unterbewusst. Im Folgenden soll weiter untersucht werden, welche Rolle der Mythos in Verbindung mit Marken spielt.

3.2 Mythos und Marke als Mitteilungssystem

Bei näherer Betrachtung des Phänomens Mythos wird deutlich, dass dieser eine über die sachliche Ebene hinausgehende Bedeutung innehat. Sobald anstelle der eigentlichen Funktion eines Gegenstands dessen Aussage wichtiger wird, da diese einen Sinn für den Konsumenten anbietet, kann

---

[7] Weiterführende Untersuchungen des Mythos in zahlreichen Definitionen, Interpretationen, Ansätzen, Funktionen und Deutungen bieten hier u.a. Görden und Meiser (1994, S. 11–16), Bismarck und Baumann (1995, S. 85–97), Geyer (1996), Führer (2005, S. 15–68), Glassen (2010, S. 114–170) oder Pelikan (2005, S. 14 ff.).

aus einer Sache, einer Person oder einem Ereignis ein Mythos entstehen (Görden; Meiser 1994, S. 30).

Wie in Kapitel 2.1 erläutert, kann auch eine Marke auf einer zweiten Ebene bestimmte Bedeutungen und Codes vermitteln, die vom Verbraucher entschlüsselt und verstanden werden können. Diese Bedeutungen können ebenfalls dazu benutzt werden, sich darzustellen und mitzuteilen, unabhängig von Herkunft, Kultur und Sprachverständnis.

So können sowohl Marken als auch Mythen als eine Art Mitteilungssystem verstanden werden, die beide in der Lage sind, ein Bedeutungssystem aufzubauen, welches einem Zeichen oder einer Sache eine über die funktionale Bedeutung hinausgehende Aussage zuschreibt. Bismarck und Baumann gehen in ihrer Untersuchung einen Schritt weiter und gehen davon aus, dass

> *„Marken, zu denen die Konsumenten Assoziationen haben, die über ihre eigentliche funktionale Produktleistung hinausgehen, [...] in ein mythisches Bedeutungssystem eingebunden [sind]." (Bismarck; Baumann 1995, S. 193)*

Demnach können Marken Träger von Bedeutung und von kulturellen Prinzipien sein (Bismarck; Baumann 1995, S. 193). Görden und Meiser bringen es, diese Annahme stützend, sehr gut auf den Punkt: *„Ob Götter, Helden oder Coca-Cola [...]. Wann immer in einer Kultur etwas auftaucht, dessen Bedeutung wichtiger als seine eigentliche Funktion ist, entsteht daraus ein Mythos."* (Görden; Meiser 1994, S. 30)

Die Voraussetzung für die Ausbildung kollektiver Bedeutungsmuster ist somit der Transfer von zusätzlichen, für den Verbraucher bedeutsamen, mythischen Inhalten (Kehrer 2001, S. 207). Dieser Mythenbildung können sich Marken bewusst oder unbewusst bedienen, um eine Markenidentität zu generieren. In der heutigen, scheinbar „entzauberten Welt", wie auch Glassen es formuliert, können Produkte mit Hilfe von Wirkungsweisen und Strukturen des Mythos mit Sinngehalt aufgeladen werden (Glassen 2010, S. 11). Diese Aufladung kann zum einen bewusst erfolgen wie bspw. bei der Marke Jack Daniels, die mit dem Geheimnis um die „Old No.7" und dessen Erfinder der Marke einen mythischen Sinngehalt verleihen möchte oder bei der Marke Coca-Cola, die ein Geheimnis um die Rezeptur aufgebaut hat. Zum anderen kann sie unbewusst erfolgen wie z.B. im Fall der Marke Harley Davidson, die hauptsächlich durch den US-amerikanischen Film *Easy Rider* ihren Ruhm erlangte und plötzlich einen magischen Charakter hatte.

Ausschlaggebend dabei ist, dass eine Marke dadurch in der Lage ist, neuen Sinn zu stiften, zur sozialen Integration beizutragen und bei der Identitätsfindung des Verbrauchers zu helfen, indem sie durch Geschichten, Bilder und Rituale Aussagen und Werte vermittelt, die die Bedürfnisse der Menschen befriedigen können. Die Marke hat somit Fähigkeiten, welche in Zeiten vor Bestehen der Massenmedien und der Werbung auch dem Mythos und den Religionen zugeschrieben wurden (Glassen 2010).

Neben der Sinn- und Identitätssuche, versuchen Menschen zusätzlich, der Langeweile zu entfliehen und möchten sich mit Dingen identifizieren, die in der Lage sind, sie von der Masse zu unterscheiden. Marken können dieses Verlangen stillen (Karmasin in: Forster 2002, S. 31), indem sie vom Konsumenten ins Leben integriert werden und dort verschiedene Funktionen erfüllen. Dies kann bspw. durch den bewussten oder unbewussten Gebrauch an sich, die Sammlung, die rituelle Pflege oder gar durch die Verehrung der Marke innerhalb eines Markenclubs erfolgen.

Durch Marken können Bedürfnisse und Werte ausgedrückt werden, die der Mensch verkörpern möchte. Diese psychologisch-soziologischen Mehrwerte, mit denen eine Marke belegt ist, können in sogenannte Zeichensysteme eingeführt werden und dadurch einen Platz im kollektiven Bedeutungshaushalt einer Gesellschaft erlangen (Bismarck; Baumann 1995, S. 98). Werbung kann z.B. dabei helfen, eine Marke in Wertesysteme der Konsumenten einzuführen. So hat es die Marke Marlboro durch das konsequent vermittelte Werbethema des Wilden Westens geschafft, dass Verbraucher mit der Marke sofort gewisse Bild-, Bedeutungs- und Wertewelten assoziieren.

Psychologisch-soziologische Mehrwerte einer Marke können nicht nur in ein Wertesystem des Konsumenten eingeführt werden, sondern auch in einem sogenannten mythischen Bedeutungssystem verankert werden.

Denn auch Mythen haben einen Platz im kollektiven Bedeutungshaushalt[8] einer Gesellschaft (Bismarck; Baumann 1995, S. 98).

Marken werden demnach in die Struktur eines sogenannten *sekundären* Bedeutungssystems eingebunden, wodurch sie eine zusätzliche (emotionale) Bedeutung erhalten. Diese Zusatzbedeutung kann in einer Kultur bspw. in Form eines Symbols genutzt werden, um eine gewisse Zugehörigkeit, einen Glauben oder eine Identität auszudrücken. Diese Verankerung erfolgt durch *Semantisierung*, d.h., sie wird einem bestehenden Werte- und Bedeutungsmuster zugeordnet und in dieses eingebunden. Dabei werden gesellschaftlich existente kategorielle Zeichensysteme genutzt, um Produkte und Marken an Werte- und Kulturmuster in der Gesellschaft zu koppeln, welche in Form von Gefühlen, Einstellungen, Lebensstilen und Bildwelten zum Ausdruck kommen. Wird diese Verknüpfung im gesellschaftlichen Kollektiv angenommen, kann die Marke vom Verbraucher als Symbol dazu genutzt werden, eine bestimmte Weltanschauung auszudrücken, die innerhalb des mythischen Bedeutungsgeflechts auch von anderen Individuen der Gesellschaft entschlüsselt und verstanden werden kann (Bismarck; Baumann 1995, S. 99). Das menschliche Verhalten gegenüber bestimmten Marken basiert laut Bismarck und Baumann auf dem *„zugeordneten, sekundären Bedeutungssystem, also auf mythischem Wissen".* (Bismarck; Baumann 1995, S. 101; Kehrer 2001, S. 212). Marken machen als eine Art Ideologieträger grundsätzliche Denk- und Bewertungsmuster einer Gesellschaft sichtbar, indem sie die Strukturen des mythischen Denkens anwenden. Ob der jeweilige Mythos, sprich, die Geschichte, die eine Marke erzählt, der Realität entspricht, ist dabei nicht von Bedeutung. Lediglich die Gefühle und Assoziationen, die beim Konsumenten durch diesen Mythos ausgelöst werden, sind wichtig. Ausschlaggebend ist, dass sie dem Verbraucher einen Sinn vermitteln und positive Gefühle bei ihm auslösen

---

[8] Vgl. hierzu auch C.G. Jungs tiefenpsychologische Untersuchungen, die annehmen, dass es ein gemeinsames, **kollektives Unbewusstes** der Menschen gibt, das sich aus Mythen aller Kulturen zusammensetzt. So hat der menschliche Geist seine eigene Geschichte. Die Psyche enthält das gemeinsame psychische Erbe der Menschheit und damit Spuren aus früheren Stadien ihrer Entwicklung, welche den Menschen heute noch unbewusst auf bestimmte „ewige" Symbole reagieren lässt. Im Weiteren postuliert Jung, dass *„die Analogien zwischen alten Mythen und den Geschichten und Träumen moderner Menschen deshalb existieren, weil der unbewusste Geist des modernen Menschen die symbolbildende Fähigkeit bewahrt hat, die einst ihren Ausdruck in den Glaubensweisen und Riten der Primitiven fand. Wir sind von Botschaften abhängig, die von solchen Symbolen übertragen werden, und unsere Einstellung und unser Verhalten werden von ihnen beeinflusst."* (Henderson 1986, S. 106 f.)

(Karmasin 2004, S. 200). So weiß jeder, wie in Kapitel 2.3 bereits erwähnt, dass romantisierte Welten wie die des Bärenmarke-Bärs, der Milka-Kuh und die des Marlboro-Cowboys so in der Realität nicht existieren. Dennoch vermitteln sie ein Gefühl von Sicherheit und Vertrautheit und bieten psychologisch-soziologische Zusatznutzen im Bedeutungssystem des Konsumenten.

3.3 Semiotik des Mythos

Um dem Mythos als Bedeutungssystem näher zu kommen, sollen im Folgenden zunächst die Grundlagen der Semiotik anhand der Bedeutungsaufladung von Marken erläutert werden.

Eine Marke kann mit Hilfe der Markenkommunikation bestimmte Formen, Inhalte, Bedeutungen und Werte vermitteln. In einem solchen Kommunikationsprozess werden Markeninformationen durch Zeichen, Bilder, Schrift, Sprache oder durch nonverbale Kommunikation ausgedrückt (Linxweiler 2004, S. 213). Diese Informationen als Grundlage aller Kommunikationsprozesse bestehen aus komplexen Zeichensystemen, wie das der Sprache, ohne die sich das Individuum im Alltag nicht zurechtfinden würde. Zeichen schaffen Orientierung, vermitteln Bedeutung und versuchen als Stellvertreter von Dingen und Zusammenhängen etwas mitzuteilen (Linxweiler 2004, S. 216).

Die Bedeutungsaufladung von Marken und Produkten, wie in den vorangegangenen Abschnitten beschrieben, erfolgt durch eine Codierung durch bestimmte Zeichen. Auf Basis bestehender Bedeutungen werden gezielt neue Bedeutungen geschaffen und Marken werden sogenannte semantische Merkmale zugeordnet. So entsteht ein, wie Karmasin es nennt, *„sekundäres modellbildendes semiotisches System"* (Karmasin 2004, S. 159).

Semiotik in diesem Sinne, als die Wissenschaft vom Zeichen (Eco 1972 zit. nach Bismarck; Baumann 1995, S. 87), beruht auf der Annahme, dass eine Bedeutung erst aus dem „Mitdenken" eines ganzen Systems resultiert, woraus sich eine Struktur zwischen den Zeichen ergibt. Ein einzelnes Zeichen alleine erhält nur dann Bedeutung, wenn man es in seiner Beziehung zu anderen Zeichen betrachtet (Karmasin 2004, S. 153). Marke und Mythos bauen beide auf ein solches semiotisches System auf, mit dessen Hilfe eine zusätzliche Bedeutung geschaffen werden kann.

So ist nach Roland Barthes der Mythos ein *„semiologisches System"*, kann aber auch, wie Lévi-Strauss es formuliert, als ein Code betrachtet werden, *„der dechiffriert werden muss"*. (Barthes 2010, S. 253; Lévi-Strauss zit. nach Glassen 2010, S. 123)

Verschiedene Wissenschaftler haben sich mit der Semiotik beschäftigt[9] und doch herrscht keine Einigkeit bzgl. Definition und Aufbau eines semiotischen bzw. semantischen Systems. Der im nächsten Kapitel folgenden Analyse wird zunächst die Auffassung von Barthes zugrunde gelegt, welcher auf der Annahme aufbaut, dass alle *„sinnlich wahrnehmbaren Objekte über ein Zeichensystem mit einer bedeutenden Vorstellung [...] verbunden sind"*. (Eco 1972 zit. nach Kehrer 2001, S. 203)

Ein Objekt vermittelt seine Bedeutung dieser Auffassung nach über ein Zeichen. Diese Bedeutung wird dem Zeichenbetrachter auf zwei verschiedenen Ebenen mitgeteilt: einem primären und einem sekundären System, die miteinander in Verbindung stehen (Kehrer 2001, S. 203). Die Bedeutung eines Objekts, das durch ein Zeichen vermittelt wird, setzt sich aus **Denotation (primäres System)** und **Konnotation (sekundäres System)** zusammen (Bismarck; Baumann 1995, S. 87). Die denotative Bedeutung (sprachliche, nicht-codierte, buchstäbliche Botschaft) kann von allen Kulturteilnehmern verstanden und geteilt werden, z.B. durch eine festgeschriebene Bedeutung im Lexikon. Die konnotative Bedeutung (codierte, kulturelle Botschaft) dagegen ist subjektiv und nicht von jedem Gesellschaftsteilnehmer mit derselben Bedeutungszuschreibung verknüpft. Hierbei handelt es sich um Zusatzbedeutungen, also um bestimmte Assoziationen, die beim Individuum ausgelöst werden und über die Grundbedeutung hinausgehen (Bismarck; Baumann 1995, S. 87; Glassen 2010, S. 67). Abbildung 6 verdeutlicht den Zusammenhang zwischen Denotation und Konnotation:

---

[9] Vgl. hierzu u.a. Eco (1972); Lévi-Strauss (1992) oder die Theorien von Charles Sanders Peirce, Charles William Morris, Saussure oder Hjelmslev. Einen Überblick über deren wichtigste Theorien und Ansichten geben u.a. Bismarck/Baumann (1995), Glassen (2010, S. 65 ff.) und Kindervater (2001, S. 39–61 ff.).

Abbildung 6: Denotation und Konnotation als primäres und sekundäres Bedeutungssystem

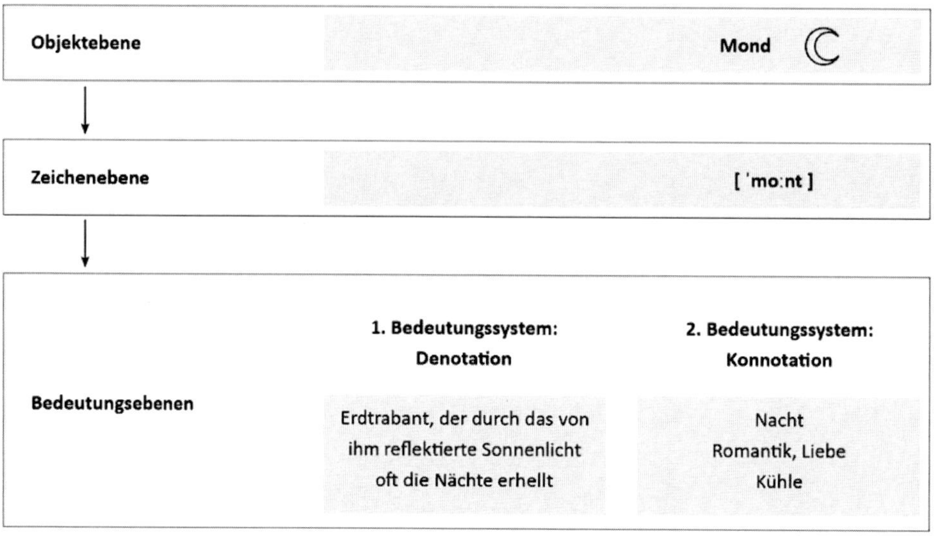

Objektebene	Mond ☾
Zeichenebene	['moːnt]

Bedeutungsebenen	1. Bedeutungssystem: Denotation	2. Bedeutungssystem: Konnotation
	Erdtrabant, der durch das von ihm reflektierte Sonnenlicht oft die Nächte erhellt	Nacht Romantik, Liebe Kühle

Quelle: Eigene abgewandelte Darstellung in Anlehnung an Kehrer (2001, S. 204)[10]

Das Objekt *Mond*, dargestellt durch die Mondsichel, wird durch den Wortlaut (ausgedrückt durch die Lautsprache) „Mond" auf der Zeichenebene vermittelt. Auf der ersten Bedeutungsebene in der Denotation wird das Objekt *Mond* als *„Erdtrabant, der durch das von ihm reflektierte Sonnenlicht oft die Nächte erhellt"* beschrieben. Dies ist die buchstäbliche, nicht-codierte Botschaft, die von allen Kulturteilnehmern auf die gleiche Weise verstanden werden kann. Auf der zweiten Bedeutungsebene, der Konnotation befinden sich nun die Zusatzbedeutungen. Hierbei handelt es sich um codierte, kulturelle Botschaften, die vom Individuum oder von einer ganzen Gesellschaft mit einer bestimmten emotionalen Bedeutungszuschreibung verknüpft sind. Der Mond kann in diesem Fall Assoziationen wie „Liebe", „Romantik" auslösen, aber auch mit „Kühle" und „Nacht" verbunden werden.

Dieses sekundäre Bedeutungssystem, die Konnotation, kann nach Roland Barthes auch als mythisches Bedeutungssystem betrachtet werden. Denn auch der Mythos baut auf einer semiologischen Kette auf, was ihn nach Barthes somit zu einem sekundären semiologischen System macht. Barthes geht dabei auf die in Abbildung 6 dargestellte Objekt- und Zeichen-

---

[10] Kehrer stellt in seinem ursprünglichen Modell die Abbildung der Mondsichel auf der Zeichenebene dar. Diese Auffassung widerspricht jedoch den ursprünglichen Theorien wie der von de Saussure (z.B. in Müller 2002, S. 21 ff.), auf die auch Barthes (2010) in seinen Untersuchungen aufbaut. Deshalb wird die Darstellung nach Kehrer zur besseren Verständlichkeit angepasst.

ebene genauer ein. Er bezieht sich bei seiner Betrachtung des Mythos zunächst auf Ferdinand de Saussure, der die Wissenschaft der Zeichen als *Semiologie* begründet hat. Dieser nimmt an, dass ein Zeichen aus einer Form und einem Inhalt besteht, welche er als die zwei Terme **Signifikant** und **Signifikat** bezeichnet. Dabei drückt der Signifikant (Lautbild, Form) das Signifikat (Objekt, Inhalt) aus (Barthes 2010, S. 256 f.). In Abbildung 6 ist das Objekt *Mond* (in Form der Mondsichel) somit das Signifikat, welches durch den Signifikanten, in diesem Fall durch die Lautsprache [ˈmoːnt] ausgedrückt wird.

Barthes verwendet die Darstellung des Zeichensystems nach de Saussure, welche in Abbildung 7 zu sehen ist. Diese zeigt die zwei Terme Signifikant und Signifikat, welche zusammen das Zeichen ergeben.

Abbildung 7: Dyadisches Zeichenmodell nach de Saussure

Quelle: Eigene Darstellung in Anlehnung an Ferdinand de Saussure in: Müller (2002, S. 22)

Barthes, der einem Zeichen ebenfalls eine zusätzliche Bedeutung zuschreibt, erweitert nun dieses zweiteilige Modell auf drei Terme,

> „denn ich erfasse keineswegs einen Term nach dem anderen, sondern die Korrelation, die sie beide vereint. Es gibt also den **Signifikanten**, das **Signifikat** und das **Zeichen**, das die assoziative Gesamtheit der ersten beiden Terme ist."
> (Barthes 2010, S. 256)

Barthes geht davon aus, dass der Signifikant nicht einfach nur das Signifikat ausdrückt, sondern dass durch die Verbindung der beiden in der Gesamtwirkung eine Bedeutung für den Betrachter entsteht (Barthes 2010, S. 256). Ein einfaches Zeichen kann dadurch Grundlage für ein ganzes Zeichen- bzw. Bedeutungssystem werden. Das folgende Schema (vgl. Abbildung 8) soll dieses Zusammenspiel von Objekt, Zeichen und Bedeutung, wie Barthes es annimmt, abbilden.

Abbildung 8: Schema des Zusammenspiels von Objekt, Zeichen und Bedeutung

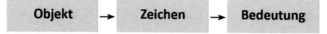

Quelle: Kehrer (2001, S. 203)

Im Markenbereich stellt auch Adjouri fest, dass eine Bedeutung durch die Relation von Zeichen erklärt werden kann. Nach seiner Auffassung entsteht eine Bedeutung aus einer Relation von mindestens zwei Ebenen, nämlich von einer Ausdrucks- und einer Inhaltsebene. In Bezug auf eine Marke, befinden sich dabei auf der Ausdrucksebene die wahrnehmbaren Elemente, z.B. formale Markenkriterien. Auf der Inhaltsebene befinden sich die Assoziationen zur Marke. Diese Verbindung beider Ebenen ergibt im Gesamten die Bedeutung. Falls diese Bedeutung für den Konsumenten relevant, prägnant, nachvollziehbar und differenzierend ist, kann sie die Grundlage für die Markenidentität bilden (Adjouri 2002, S. 100).

Barthes erweitert nun den in Abbildung 7 sichtbaren Aufbau eines Zeichens um die Bedeutungsebene. Diese ist mit der in Abbildung 6 vorgestellten ersten Bedeutungsebene, der Denotation gleichzusetzen. Signifikat und Signifikant ergeben zusammen die Objektsprache (vgl. Abbildung 9).

Abbildung 9: Zusammensetzung der Objektsprache auf der ersten Bedeutungsebene

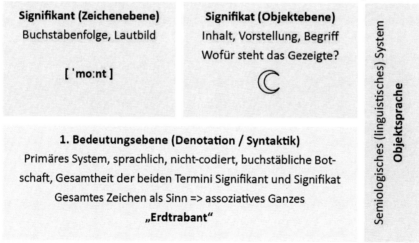

Quelle: Eigene Darstellung in Anlehnung an Barthes (2010, S. 259); Bismarck/Baumann (1995, S. 87 ff.), Kehrer (2001, S. 204) und Glassen (2010, S. 127 ff.)

Barthes erweitert nun zusätzlich diese erste Bedeutungsebene und fügt eine zweite Bedeutungsebene hinzu, welche mit der Konnotation gleichzusetzen ist (Nöth 2000, S. 108). Hierzu betrachtet er Signifikant (Lautschrift,

Buchstabenfolge) und Signifikat (Vorstellung, Inhalt) aus der ersten Ebene als assoziatives Ganzes und deklariert dieses auf einer zweiten Ebene wiederum zu einem einfachen Signifikanten. Diese zweite Ebene sieht in der ersten Ebene eine Zeichengesamtheit, auf welche sie das sekundäre System aufbaut. Dem „neuen, zusammengefassten" Signifikanten wird auf zweiter Ebene wiederum ein Signifikat hinzugefügt (Barthes 2010, S. 258 f.). Nach Barthes beinhaltet diese Ebene die Ideologie und stellt die sogenannte *Metasprache* dar, die er mit dem Mythos gleichsetzt. Abbildung 10 verdeutlicht Barthes semiologisches System, dessen Aufbau für die weitere Analyse relevant ist:

Abbildung 10: Der Mythos als semiologisches System

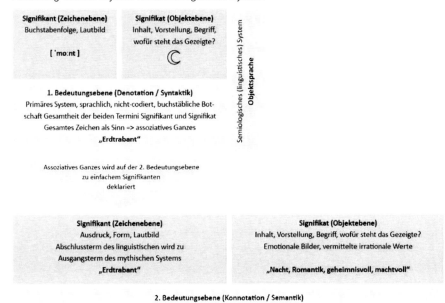

Quelle: Eigene Darstellung in Anlehnung an Barthes (2010, S. 259)

Ein gesamtes Zeichen als assoziatives Ganzes aus der ersten Bedeutungsebene wird nun Grundlage eines neuen Zeichensystems auf einer zweiten Bedeutungsebene, um dort wieder als einfacher Signifikant herangezogen zu werden (Barthes 1983; Adjouri 1993, S. 141 zit. nach Kindervater 2001, S. 65). Diese zweite Bedeutungsebene kann wiederum mit der Konnotation gleichgesetzt werden (Nöth 2000, S. 108). Diese Ebene, die nach Barthes die Ideologie und den Mythos beinhaltet, entsteht, wenn das

Zeichen mit seiner inhaltlichen Bedeutung Grundlage eines Bedeutungssystems wird (Barthes 1964, S. 90, 97 zit. nach Glassen 2010, S. 128).

Der Mythos als Bedeutungskonstrukt umfasst somit zwei semiologische Systeme. Die Sprache, die Barthes *Objektsprache* nennt, und den Mythos, den er als *Metasprache* bezeichnet, eine Sprache, *in der* man sozusagen von der Objektsprache spricht. Schrift und Bild aus der ersten Ebene werden vom Mythos als ein ganzes Zeichen wahrgenommen und haben eine gemeinsame Bedeutung. Auf der Ebene des Mythos werden sie zum einzelnen Zeichen (Barthes 2010, S. 259).

Die zweite Bedeutungsebene, also der Mythos, baut auf dem semiologischen System auf und erhält durch das kollektive Wissen einer Kultur seine Bedeutungszuordnung. Der Mythos nutzt demnach bestehende Zeichensysteme, um ein *„eigenes, kollektiv geteiltes Bedeutungssystem"* zu erschließen und daraus durch die Metasprache eine *„bedeutungstragende Aussage zu machen, die über den funktionalen und eigentlichen Gehalt der dafür genutzten sprachlichen Zeichen, Bilder oder Handlungen hinausgeht."* (Bismarck; Baumann 1995, S. 89)

Wird die Marke als Bedeutungssystem betrachtet, können mit Hilfe der semiologischen Analyse verborgene ideologische oder auch mythische Inhalte einer Markenbotschaft aufgedeckt werden (Kindervater, S. 67).

Das vollständige Konstrukt soll zunächst anhand der Marke Coca-Cola in Abbildung 11 beispielhaft dargestellt werden:

Abbildung 11: Der Mythos der Marke Coca-Cola im semiologischen System

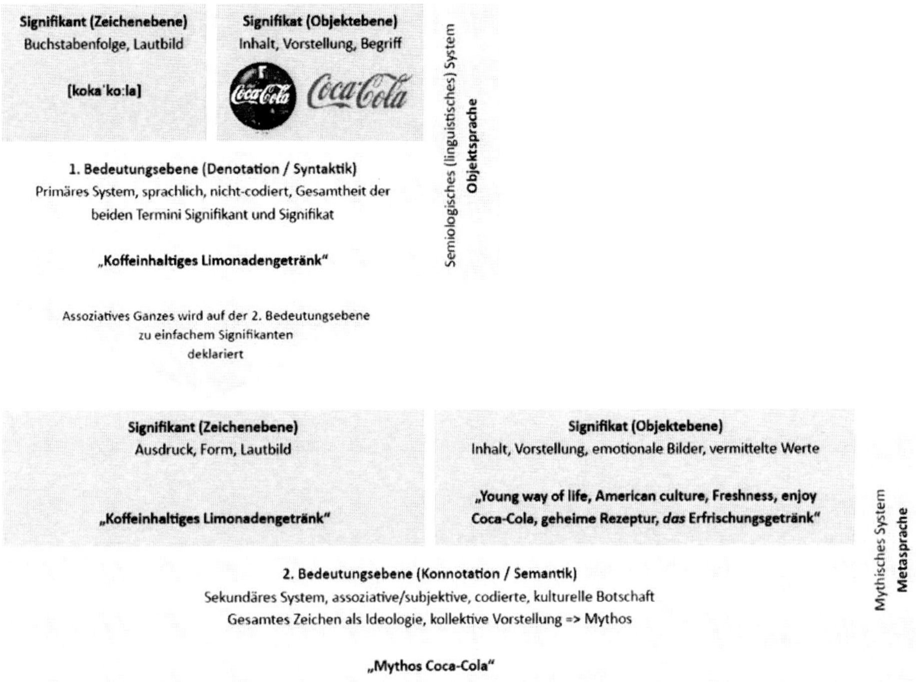

Signifikant (Zeichenebene)
Buchstabenfolge, Lautbild

[koka'ko:la]

Signifikat (Objektebene)
Inhalt, Vorstellung, Begriff

Coca-Cola

1. Bedeutungsebene (Denotation / Syntaktik)
Primäres System, sprachlich, nicht-codiert, Gesamtheit der beiden Termini Signifikant und Signifikat

„Koffeinhaltiges Limonadengetränk"

Assoziatives Ganzes wird auf der 2. Bedeutungsebene zu einfachem Signifikanten deklariert

Signifikant (Zeichenebene)
Ausdruck, Form, Lautbild

„Koffeinhaltiges Limonadengetränk"

Signifikat (Objektebene)
Inhalt, Vorstellung, emotionale Bilder, vermittelte Werte

„Young way of life, American culture, Freshness, enjoy Coca-Cola, geheime Rezeptur, *das* Erfrischungsgetränk"

2. Bedeutungsebene (Konnotation / Semantik)
Sekundäres System, assoziative/subjektive, codierte, kulturelle Botschaft
Gesamtes Zeichen als Ideologie, kollektive Vorstellung => Mythos

„Mythos Coca-Cola"

Semiologisches (linguistisches) System — Objektsprache
Mythisches System — Metasprache

Quelle: Eigene Darstellung in Anlehnung an Barthes (2010, S. 259) und Kehrer (2001, S. 208)

Das Lautbild (die Lautschrift) von Coca-Cola stellt den Signifikanten dar, wohingegen die Vorstellung der Marke (ausgedrückt durch die Coca-Cola-Bildmarke und den Schriftzug) das Signifikat darstellt. Diese beiden Termini ergeben in ihrer Gesamtheit auf der ersten Bedeutungsebene, der Ebene der Objektsprache, die Denotation, also den buchstäblichen Sinn „koffeinhaltiges Limonadengetränk". Dies ist die sprachliche Bedeutung, wie man sie bspw. auch im Lexikon nachschlagen kann. Diese Gesamtheit der beiden Termini wird nun auf die zweite Bedeutungsebene übertragen und dort zu einem einfachen Signifikanten deklariert. Auf der zweiten Bedeutungsebene, der Ebene der Metasprache, wird dem Signifikanten erneut ein Signifikat zugeordnet. Dieses Signifikat beinhaltet nun vermittelte Werte, emotionale Bilder und Vorstellungen, die der Konsument zur Marke Coca-Cola gespeichert hat. Dies sind Assoziationen wie „Young way of life", „Freshness", die geheime Rezeptur oder auch das Gefühl der amerikanischen Kultur. In ihrer Gesamtheit ergeben Signifikant und Signifikat auf der zweiten Bedeutungsebene die Konnotation, also die kollektive Zusatzbedeutung, die Vorstellung oder die kulturelle Botschaft, die in einer Gesellschaft zur Marke Coca-Cola verankert ist. Diese Gesamtheit ergibt nach

Roland Barthes den Mythos. Im Fall Coca-Cola kann dies der Mythos der Erfrischung oder auch der Mythos der Marke Coca-Cola an sich sein.

In diesem Kapitel wurde das Phänomen Mythos greifbarer gemacht und mit dem Markenkonstrukt in Verbindung gebracht. Auf Grundlage der Semiotik wurde ein Modell herangezogen, mit dessen Hilfe die Vielschichtigkeit von Zeichen und deren Bedeutung sichtbar gemacht werden können. Dieses semiologische System wird im Folgenden als *mythologisches System* bezeichnet.

Das mythologische System nach Roland Barthes stellt ein geeignetes Instrument zur Untersuchung einer Marke und deren Mythos-Charakter dar. Im Folgenden soll dieses System als Basis für das zu entwickelnde Analysemodell und die durchzuführende Analyse dienen.

4 Analyse

4.1 Entwicklung des mythologischen Analysesystems

Aufbauend auf den theoretischen Untersuchungen in Kapitel 2 und 3 wird nun das Analyseraster entwickelt und vorgestellt, mit dessen Hilfe im weiteren Verlauf die Marke Marlboro untersucht werden soll.

Um Aufschlüsse darüber zu erlangen, wie sich erfolgreiche Marken über lange Zeit hinweg auf dem Markt behaupten können und welche Werte und Einflüsse dabei eine Rolle spielen, gilt es die Marke nicht nur bezüglich ihres Mythos-Charakters, sondern auch hinsichtlich ihrer Entstehung und Entwicklung zu betrachten. Dabei sollen geschichtliche, gesellschaftliche und mediale Einschnitte im Verlauf der letzten Jahrzehnte betrachtet werden. Gleichzeitig soll herausgefunden werden, welche Relevanz der Mythos dabei hat.

Zu diesem Zweck wird als Grundlage für das Analysemodell zunächst das in Kapitel 3.3 vorgestellte mythologische System nach Roland Barthes (vgl. Abbildung 10) herangezogen. Dieses wird um zwei zusätzliche Untersuchungselemente erweitert, um bspw. gesellschaftliche Wertemuster und die Wirkung auf den Konsumenten im Gesamtzusammenhang betrachten zu können. Diese beiden zusätzlichen Komponenten werden im Folgenden vorgestellt.

Das erste Untersuchungselement, um das mythologische System erweitert wird, ist das **Wertesystem**, welches auf der zweiten Bedeutungsebene Anwendung findet. Auf dieser Ebene (Konnotation) befindet sich der Mythos, welcher durch die kollektive Vorstellung einer Kultur als solcher wahrgenommen werden kann und eine bedeutungstragende Aussage machen kann (Bismarck; Baumann 1995, S. 89). Es stellt sich die Frage, wie eine kollektive Vorstellung innerhalb einer Kultur entstehen kann. Bismarck und Baumann liefern eine durchaus überzeugende Antwort auf diese Frage. Die Autoren postulieren, dass das sekundäre Bedeutungssystem von einem Wertesystem überzogen ist, welches sich aus modernen Kulturwerten und archetypischen Werten zusammensetzt. In einer Gesellschaft herrschen bestimmte Kulturwerte vor, die für ein Kollektiv sinnstiftend sind. Diese

Prinzipien und Leitlinien dienen zur Orientierung innerhalb einer Gemeinschaft. So entsteht eine emotionale Wertung im Bereich der Objektebene des sekundären Bedeutungssystems. Wichtig dabei ist, dass sich Wertesysteme im Verlauf der Zeit immer wieder neu an sich ändernde Umwelteinflüsse und an sich wandelnde Bedürfnisse einer Gesellschaft anpassen (Bismarck; Baumann 1995, S. 89 f.). Des Weiteren finden sich in diesem Wertesystem bestimmte archetypische Vorstellungen bzw. Urbilder wieder, die im *kollektiven Unbewussten* einer Gesellschaft verankert sind (vgl. Kapitel 3.2). Fragen, Hoffnungen und Befürchtungen, die seit Menschheitsbestehen immer wieder auftreten, z.B. Fragen nach der menschlichen Existenz, können mithilfe des kollektiven Unterbewussten für ein Individuum beantwortet werden und für diesen einen Sinn vermitteln. Zeichensystemen können dadurch Bedeutungen und Werte zugeschrieben werden. Bismarck und Baumann schreiben diesen beiden *Wertequellen* zu, *„dass [durch sie] das durch den Mythos zusätzlich erschlossene Bedeutungssystem als sinnstiftend empfunden wird."* (Bismarck; Baumann 1995, S. 90)

Auf dieser Grundlage wird das ursprüngliche mythologische Analysesystem um ein Wertesystem erweitert, welches das sekundäre Bedeutungssystem umgibt (vgl. Abbildung 12).

Abbildung 12: Erweiterung des mythologischen Systems um ein Wertesystem

Quelle: Eigene Darstellung in Anlehnung an Barthes (2010, S. 259), Kehrer (2001, S. 208) und Bismarck/Baumann (1995, S. 89 ff.)

Eine weitere Komponente soll nun das Modell vervollständigen. Der amerikanische Philosoph Charles William Morris liefert hierfür die Grundlage. Morris entwickelte ein weiteres Zeichenmodell, in welchem er Zeichen in Verhaltenszusammenhängen betrachtet. Eine Marke ist nach Morris ein Zeichensystem, das kommunikativ vom Sender zum Empfänger gelangen soll. Dazu muss die Markeninformation vom Sender aus dessen Zeichenvorrat codiert werden, um vom Empfänger dann decodiert (verstanden und interpretiert) zu werden. Voraussetzung hierfür ist, dass dieser über ein ähnliches Wissenssystem von Zeichen verfügt (Linxweiler 2004, S. 219 f.). Dabei beschreibt Morris drei Dimensionen der Semiotik: **Syntaktik (Denotation), Semantik (Konnotation)** und **Pragmatik (Evokation)**. Die Syntaktik, die er auch als *Denotation* beschreibt, *„bezieht sich auf die Zeichen selbst, sowie auf das Verhältnis und die Verknüpfung eines Zeichens zu einem anderen Zeichen."* Die Semantik beschreibt Morris auch als *Konnotation*, welche sich *„auf die inhaltliche Bedeutung, d.h. auf den Sinngehalt der Zeichen [bezieht]."* (Linxweiler 2004, S. 220)

Bei der Betrachtung dieser beiden ersten Begriffe fällt die Parallele zu Barthes` Zeichenmodell auf, welcher ebenfalls die Begriffe Denotation und Konnotation verwendet. Auch bei Barthes steht die Denotation für ein primäres Zeichensystem, welches die Beziehung der Zeichen zueinander in sprachlicher Hinsicht, also die buchstäbliche Botschaft von Zeichen, darstellt. Die Konnotation stellt für Barthes das sekundäre Zeichensystem dar. Dabei ist die konnotative Bedeutung eher inhaltlicher Natur und ist in der Lage, eine bestimmte Bedeutung oder einen Sinn zu vermitteln. Auch hier entspricht der Begriff der Konnotation dem von Morris.

In der nachfolgenden Analyse soll weiterhin das semiologische Bedeutungssystem von Barthes die Grundlage bilden, welches aus zwei Bedeutungsebenen besteht (Objektsprache/Denotation und Metasprache/Konnotation). Um jedoch die äußere, **kommunikative Wirkung dieses Konstrukts** beschreiben zu können, scheint es sinnvoll, zusätzlich eine dritte Ebene, nämlich die von Morris vorgestellte *Pragmatik* mit aufzunehmen. Die Pragmatik (Evokation) bezieht sich laut Morris auf die Zeicheninterpretation, sprich *„auf die kommunikative Wirkung von Zeichen/Informationen auf die Informationsempfänger"*. (Linxweiler 2004, S. 220)

So wird das Analysemodell vervollständigt durch die Betrachtung der Wirkung auf den Konsumenten. Diese Wirkung kann durch das mythische Regelsystem und zusätzlich durch das Wertesystem des jeweiligen Betrachters beeinflusst werden. Abbildung 13 zeigt das vollständige Modell.

Abbildung 13: Vollständiges Analysemodell auf Basis des mythologischen Systems

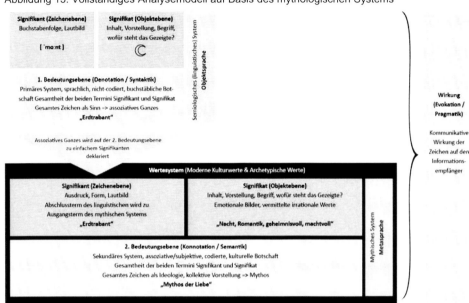

Quelle: Eigene Darstellung in Anlehnung an Barthes (2010, S. 259), Kehrer (2001, S. 208), Bismarck/Baumann (1995, S. 89 ff.) und Morris zit. nach Linxweiler (2004, S. 219 f.)

Die Benennung der Bedeutungsebenen wurde in diesem finalen Modell um die Begriffe *Syntaktik* (Denotation) und *Semantik* (Konnotation) erweitert, um deutlich zu machen, dass die Auffassungen von Barthes und Morris sich in diesen Punkten entsprechen.

4.2 Untersuchungsschritte

4.2.1 Hat die Marke Mythos-Charakter?

Das in Kapitel 4.1 entwickelte Analysemodell dient als Grundlage der Untersuchung. Im **ersten Schritt** der Analyse muss festgelegt werden, wann eine Marke Mythos-Charakter hat, um sie überhaupt als Untersuchungsgegenstand heranziehen zu können. Hierzu werden bestimmte Anforderungen an einen Mythos aus Kapitel 3.1 herangezogen und als **Bewertungskriterien** definiert. Die ersten beiden Kriterien leiten sich aus den Theorien von Bismarck/Baumann und Görden/Meisner ab, die davon ausgehen, dass *„Marken, zu denen die Konsumenten Assoziationen haben, die über ihre eigentliche funktionale Produktleistung hinausgehen, [...] in ein mythisches Bedeutungssystem eingebunden [sind]."* (Bismarck; Baumann 1995, S. 193) Es entsteht also immer dann ein Mythos, sobald die Bedeutung einer Sache oder eines Gegenstands wichtiger wird als die eigentliche Funktion (Görden; Meiser 1994, S. 30). Das dritte Kriterium, die Ungreifbarkeit, liegt, wie in Kapitel 3.1 erwähnt, bereits „*in dessen Natur*" (Führer 2005, S. 15) und wird somit ebenfalls als Bewertungsmaßstab herangezogen. Das vierte Kriterium leitet sich aus der sozialen Betrachtungsweise (vgl. Kapitel 3.1) ab, die Mythen als „*Denkmuster oder Beispielgeschichten [formuliert], in denen zu allen Zeiten Gesellschaften [...] eine Art kollektive Weltvorstellung oder Selbstbilder, auch kollektive Träume oder Fantasien [vermittelt werden].*" (Brockhaus Mythologie 2010, S. 7 ff.) Im Folgenden werden alle vier Bewertungskriterien, die zur Feststellung des Mythos-Charakters dienen sollen, nochmals zusammengefasst dargestellt:

1. Hat die Marke Mythos-Charakter?

a) Marke vermittelt über die funktionale Produktleistung hinausgehende Assoziationen.
b) Bedeutung der Marke ist wichtiger als eigentliche Funktion des Produkts.
c) Assoziationen/Bedeutungen sind ungreifbar.
d) Wertvorstellung, gewünschtes Selbstbild oder bestimmte Denkmuster werden vermittelt.

→ **Marke kann als Untersuchungsgegenstand benutzt werden.**

4.2.2 Welcher Mythos steckt in der Marke?

Im **zweiten Schritt** soll das in Kapitel 4.1 vorgestellte Analysemodell Anwendung finden. Mit Hilfe der **zwei Bedeutungsebenen**, im Spezifischen der Ebene der Metasprache, soll herausgefunden werden, welche tiefere Bedeutung, welche Ideologie der Marke zu Grunde liegt. So kann der Mythos bestimmt werden, der in der Marke steckt.

2. Welcher Mythos steckt in der Marke?

Betrachtung der Objekt- und Metasprache im Analysemodell

→ **Feststellung des Mythos, der der Marke zu Grunde liegt.**

4.2.3 Markengeschichte und äußere Einflüsse

Im Anschluss daran soll im **dritten Schritt** untersucht werden, welche Umstände und äußeren Einflüsse Wirkung auf den oben bestimmten Mythos gehabt haben könnten. So soll später u.a. herausgefunden werden, wie der Mythos entstanden ist. Hierzu wird die Marke anhand eines **Zeitstrahls** dargestellt, der alle relevanten äußeren Einflüsse und einschneidenden Ereignisse im Leben der Marke abbildet. Später im fünften Schritt werden diese in Zusammenhang zueinander gebracht. Die Ebenen, die anhand des Zeitstrahls im Spezifischen untersucht werden, sind: Produkte, Kommunikation, Zielgruppe, Soziale Aspekte und Strömungen, Medien, Politik und Wirtschaft.

3. Markengeschichte und äußere Einflüsse

Zeitstrahl, der entscheidende Ereignisse in Zusammenhang mit dem Mythos abbildet:

Markenentstehung, -entwicklung, Produkte, Kommunikation, Zielgruppe, Soziale Aspekte und Strömungen in der Gesellschaft, Medien, Politik und Wirtschaft

→ **Übersicht aller relevanten Einflüsse im Lebenszyklus der Marke.**

4.2.4 Untersuchung des Wertesystems

Im **vierten Schritt** soll anhand des Wertesystems untersucht werden, welche **modernen Kulturwerte** für die Gesellschaft zu den bestimmten Zeitpunkten als sinnstiftend und konstituierend angesehen werden. Dies umfasst Leitlinien und Prinzipien, die dem Individuum als Orientierung in einer Kultur oder einer Gemeinschaft dienen. Durch das sich ständig ändernde Umfeld ist dieses Wertesystem der modernen Kulturwerte zeitlich inkonsistent und passt sich im Zeitverlauf immer wieder den kollektiven Bedürfnissen einer Gesellschaft an. Des Weiteren soll untersucht werden, welche **archetypischen Werte** durch die Marke verkörpert werden. Der Begriff *Archetypus* steht hierbei für allgemeingültige Bilder und Symbole, die im kollektiven Unbewussten einer menschlichen Kultur bestehen, wie C.G Jung es in seinen tiefenpsychologischen Untersuchungen beschreibt (Bismarck; Baumann 1995, S. 90)[11]. Diese *Urbilder* einer Gesellschaft beeinflussen das Denken, Handeln und die Wünsche des Menschen je nach Lebensphase, Reife und Lebenssituation. So sehnt sich z.B. eine Gesellschaft, die sich im Umbruch befindet, hauptsächlich nach einem Archety-

---

[11] Vgl. hierzu auch Fußnotentext zu C.G. Jung auf Seite 24. Feige liefert zusätzlich weitere Erkenntnisse über Archetypen und die kulturellen Codes in Zusammenhang mit der Markenführung (2007, S. 139–165)

pus, der für Stabilität und Ordnung sorgen kann. Eine Gesellschaft, die von Stillstand und Erstarrung bedroht ist, sehnt sich hingegen nach einem kreativen Archetypus. Der Archetypus des Zauberers könnte an dieser Stelle z.B. dabei helfen, eine bessere Welt zu schaffen (Feige 2007, S. 144 f.). Archetypen tragen diejenigen Ängste und Hoffnungen in sich, die auch schon zu Urzeiten die Menschheit beschäftigten. Themen zu Leben und Tod, Liebe und Leid, Natur und Kultur werden in diesen Urbildern beantwortet und gelten zeit- und raumübergreifend gleichermaßen für die Menschen der modernen Gesellschaft. Archetypische Werte können somit zu jedem Zeitpunkt in der Geschichte der Menschheit sinnstiftend für ein Individuum sein (Bismarck; Baumann 1995, S. 90). Feige unterscheidet in seinen Untersuchungen die folgenden zwölf Ausprägungen von Archetypen und lehnt sich dabei an die Typologie von Carol S. Pearson an: den Schöpfer, den Beschützer, den Herrscher, den Helden, den Rebellen, den Magier, den Durchschnittstyp, den Genießer/Liebhaber, den Narren/Spaßvogel, den Unschuldigen, den Entdecker und den Weisen (Feige 2007, S. 144).

Feige geht davon aus, dass starke Marken, die eine passende Kombination von Archetypen innehaben, gerade dadurch den Verbraucher in ihren Bann ziehen und faszinieren können. Dabei sind diese archetypischen Werte stark an die jeweilige Kultur und deren Geschichte gebunden. So hat jede Kultur individuelle Vorstellungen von Sehnsüchten oder Erstrebenswertem. Dennoch werden immer dieselben Motive in der Seele angesprochen, da es um grundlegende Verhaltens-, Wunsch-, und Handlungsmuster geht, die unabhängig von der individuellen Erfahrung gültig sind. Darüberhinaus können archetypische Schemata langfristig und international starke Emotionen vermitteln, die sich nur wenig abnutzen (Feige 2007, S. 145; Führer 2005, S. 141).

Durch die beiden vorgestellten Dimensionen des Wertesystems (moderne Kulturwerte und archetypische Werte) wird das durch einen Mythos erschlossene zusätzliche Bedeutungssystem als sinnstiftend empfunden und kann Struktur im Leben eines Individuums schaffen (Bismarck; Baumann

1995, S. 90).[12] Eine Marke kann daran anknüpfen, indem sie bestimmte Werte verkörpert, anhand derer der Konsument bestimmt, ob sich diese Werte mit seinen eigenen Vorstellungen decken. Wenn diese übereinstimmen, kann eine Marke Vertrauen schaffen. So können durch deren Verwendung persönliche Defizite (Wünsche, Sehnsüchte, Träume) ausgeglichen oder Ängsten und Sorgen entgegengewirkt werden (Menzel 1993, S. 34 f.).

4. Untersuchung des Wertesystems

a) Moderne Kulturwerte
b) Archetypische Werte

→ **Zeitgeist der Gesellschaft kann abgebildet werden.**

4.2.5 Interpretation und Wirkung auf den Verbraucher

Im **fünften** und letzten **Schritt** der Analyse erfolgt die **Interpretation** der auf dem Zeitstrahl abgebildeten Ereignisse. So kann die Frage beantwortet werden, wie der Mythos der Marke entstanden ist. Dies erfolgt zunächst durch das Aufzeigen von Zusammenhängen zwischen Ereignissen auf den verschiedenen Ebenen des Zeitstrahls und Erkenntnissen aus dem Wertesystem. So kann herausgefunden werden, ob der Mythos bspw. durch die Marke selbst entstanden ist oder dieser bereits vorher (bewusst oder unbewusst) in der Gesellschaft bestand und die Marke ihn lediglich aufgegriffen hat. Auch die Frage, zu welchem Zeitpunkt der Mythos entstanden ist, soll geklärt werden. Die Marke könnte ihn z.B. wiederbelebt oder selbst erschaffen haben. Des Weiteren kann die Wirkung auf den Konsumenten bestimmt werden, welche durch das mythische Regelsystem und das Wertesystem des jeweiligen Betrachters beeinflusst wird.

Durch die Identifikation des Mythos der Marke und die Einbeziehung des vorherrschenden Wertesystems der Konsumenten können Hypothesen darüber aufgestellt werden, welche Rolle der Mythos für die Marke und deren Zielgruppe spielt. Mit Hilfe quantitativer Analysen könnten weitere Erkenntnisse bzgl. der Wirkung erlangt werden, im Rahmen der vorliegen-

---

[12] Bismarck und Baumann liefern umfassende Ausführungen zum Thema *Werte als Ausdruck von Bedeutung* und zum Thema *Wertewandel* (1995, S. 57–83)

den Untersuchung wird jedoch lediglich auf eine qualitative Bewertung zurückgegriffen.

5. Interpretation und Wirkung auf Verbraucher

a) Aufzeigen von Zusammenhängen zwischen Ereignissen auf Zeitstrahl und Erkenntnissen aus dem Wertesystem

b) Ableitung der Wirkung auf den Verbraucher, beeinflusst durch mythisches Regelsystem und Wertesystem

→ **Erkenntnisse über die Rolle des Mythos für die Marke.**

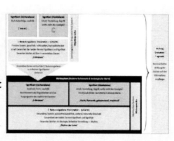

Eine Übersicht über alle fünf Schritte der Untersuchung ist in der Anlage in Abbildung 22 (Seite 93) zu finden.

4.3 Untersuchung der Marke Marlboro (Jahre 1902 bis 2007)

In der vorliegenden Studie wird ein besonderes Augenmerk auf Marlboro und die Werbefigur des Cowboys gelegt. Daher soll das Analyseraster anhand dieser Marke praktische Anwendung finden.

1. Hat die Marke Mythos-Charakter?

4.3.1 Hat die Marke Mythos-Charakter?

a) Vermittelt die Marke Marlboro über die funktionale Produktleistung hinausgehende Assoziationen?

Wie bereits in Kapitel 2.1 erwähnt, entstehen beim Gedanken an die Marke Marlboro (trotz MAYBE-Kampagne noch immer) ganz bestimmte Bildwelten und Assoziationen. Es sind Assoziationen, die weit über die funktionale Produktleistung, in diesem Fall den Genuss einer Zigarette hinausgehen. In den Köpfen der Verbraucher öffnet sich eine Bildwelt der Lagerfeuerromantik, der Rocky-Mountain-Idylle, der Pferde und der Cowboys. Das erste Kriterium ist somit erfüllt.

b) Ist die Bedeutung der Marke wichtiger als die eigentliche Funktion des Produkts?

Die Bedeutung, die durch die Marke Marlboro vermittelt wird, scheint wichtiger als die eigentliche Funktion. Zigaretten anderer Marken haben ähnliche Inhaltsstoffe und unterscheiden sich auch geschmacklich nicht besonders. Trotzdem inhalieren nur Verwender der Marke Marlboro mit jedem Zug ein bisschen Freiheit und Abenteuer.

c) Sind die Assoziationen, die durch die Marke vermittelt werden, ungreifbar?

Marlboro vermittelt einen Traum von Freiheit, Abenteuer und Unabhängigkeit, der für die meisten Menschen in ihrem Alltag unerreichbar und fern von jeder Realität ist. Die durch die Marke vermittelten Assoziationen sind also weitestgehend ungreifbar.

d) Werden bestimmte Wertvorstellungen, Denkmuster, Träume, Fantasien oder gewisse Selbstbilder durch die Marke vermittelt?

Es werden u.a. Kulturwerte wie Abenteuer, Freiheit, Bodenständigkeit, Verlässlichkeit, Unabhängigkeit, Selbstverwirklichung und Teamgeist vermittelt. Diese Werte sind für die Mehrheit der Menschen nach wie vor attraktiv, denn sie repräsentieren für viele deren innere Sehnsüchte und Wünsche, aber auch unerfüllbare Träume (Dingler 1997).

Da alle vier Kriterien durch die Marke Marlboro erfüllt werden, lässt sich feststellen, dass die Marke einen Mythos-Charakter hat und somit als Untersuchungsgegenstand herangezogen werden kann.

2. Welcher Mythos steckt in der Marke?

4.3.2 Welcher Mythos steckt in der Marke?

Um herauszufinden, welcher Mythos der Marke Marlboro zu Grunde liegt, wird nun das in Kapitel 4.1 vorgestellte Analysemodell Anwendung finden. Zunächst wird das mythologische System in der Grundform betrachtet ohne die erweiterten Elemente. Abbildung 14 zeigt das Ergebnis, welches im Anschluss im Detail erläutert wird.

Abbildung 14: Die Marke Marlboro im mythologischen System

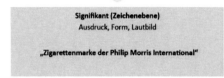
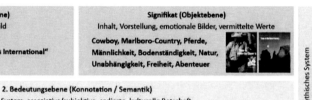

Im oberen Teil des Modells, also in der Objektsprache, stellt zunächst das Lautbild der Marke Marlboro den Signifikanten dar. Daneben bilden die allgemeingültigen Vorstellungen zur Marke und zum Produkt das Signifikat. Hier finden sich das Marlboro-Logo, die Schachtel, das Markenzeichen, aber auch das Produkt, die Zigarette.

Auf der ersten Bedeutungsebene in der Denotation kann die Marke Marlboro folglich als „*Zigarettenmarke der Philip Morris International*" beschrieben werden. Dies ist die buchstäbliche, nicht-codierte Botschaft, die von allen Kulturteilnehmern auf die gleiche Weise verstanden und nachgeschlagen werden kann.

Dieses assoziative Ganze („*Zigarettenmarke der Philip Morris International*") aus der ersten Bedeutungsebene wird nun auf der zweiten Bedeutungsebene zum einfachen Signifikanten deklariert. Diesem wird wiederum ein Signifikat zur Seite gestellt, welches nun auf der ideologischen Ebene bestimmte Vorstellungen, emotionale Bilder und vermittelte Werte beinhaltet. Die Marke Marlboro weckt auf dieser Ebene Assoziationen wie *Marlboro Country, Pferde, staubige Prärie, Lagerfeuer, Männlichkeit, Bodenständigkeit, Natur, Unabhängigkeit, Freiheit, Abenteuer* und natürlich primär das

Bild des Cowboys, dessen Welt durch diese Assoziationen verkörpert wird. Signifikant und Signifikat werden nun in der konnotativen Bedeutung zusammengefasst als gesamte Ideologie oder codierte, kulturelle Botschaft. Als Ergebnis lassen sich die vermittelten Werte und Vorstellungen unter dem *Cowboy-Mythos* zusammenfassen.

Mit Hilfe der zweiten Bedeutungsebene, der Metasprache, konnte somit herausgefunden werden, welche tiefere Bedeutung, das heißt welche Ideologie der Marke Marlboro zu Grunde liegt. Es konnte bestimmt werden, dass dies der Cowboy-Mythos ist.

3. Markengeschichte und äußere Einflüsse

4.3.3 Markengeschichte und äußere Einflüsse

Im dritten Schritt wird die Grundlage geschaffen, mit deren Hilfe im Folgenden analysiert werden soll, durch welche Einflüsse und äußeren Umstände der Cowboy-Mythos entstehen konnte. Anhand eines **Zeitstrahls** werden alle relevanten Ereignisse im Leben der Marke betrachtet, welche in Zusammenhang mit dem Cowboy-Mythos stehen könnten. Es können dabei nicht alle Begebenheiten beachtet werden, da dies den Rahmen der Analyse sprengen würde. Trotzdem werden die wichtigsten Ereignisse dargestellt, um diese später in Verbindung zur Marke Marlboro und dem Cowboy-Mythos setzen zu können. Abbildung 15 auf den nachfolgenden Seiten 54 und 52 zeigt den daraus entwickelten Zeitstrahl.

Die Interpretation der abgebildeten Ereignisse und Meilensteine erfolgt nach der Untersuchung des Wertesystems im fünften Untersuchungsschritt.

Analyse

Abbildung 15: Zeitstrahl der Marke Marlboro (1902 - 2007)

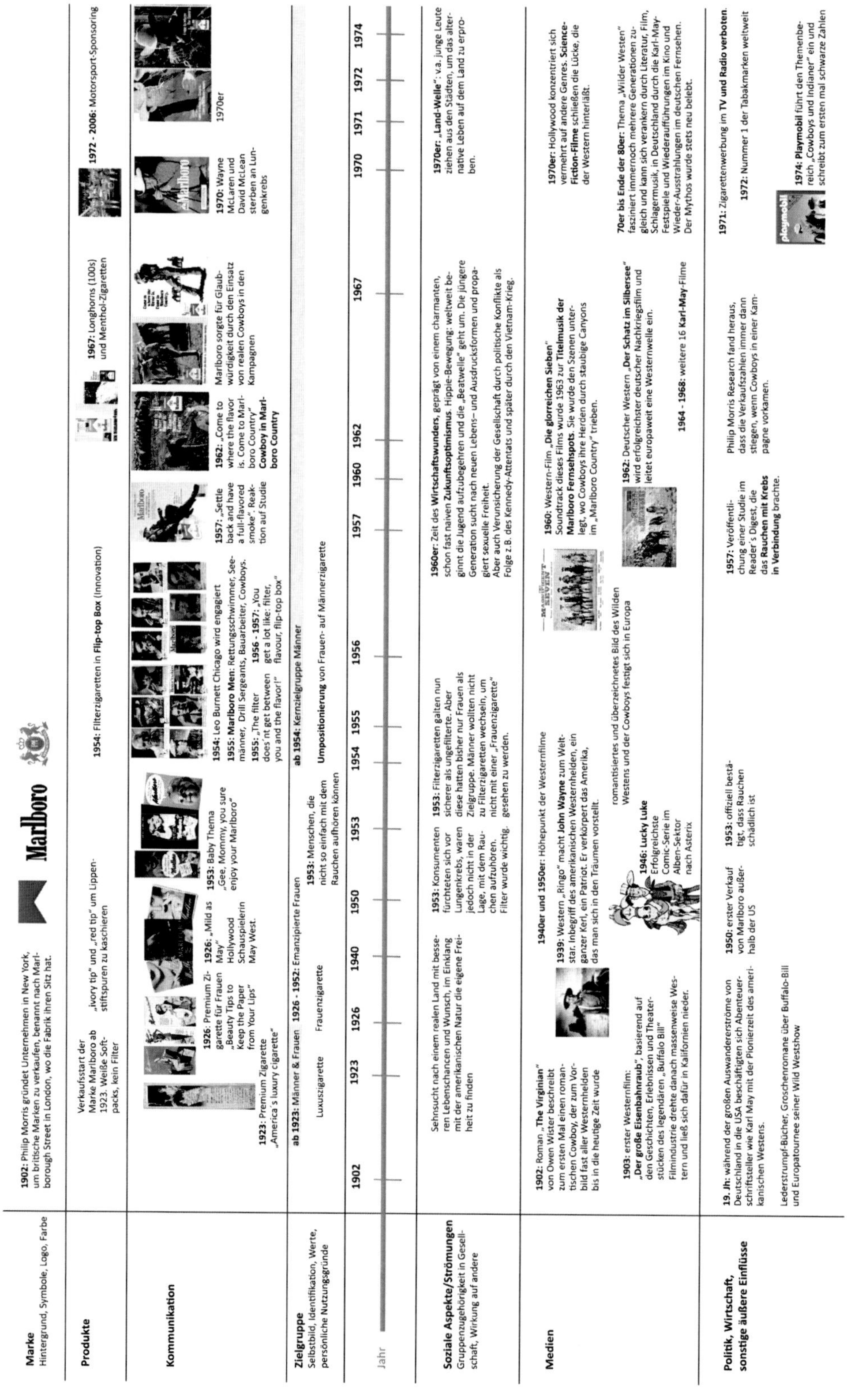

Analyse

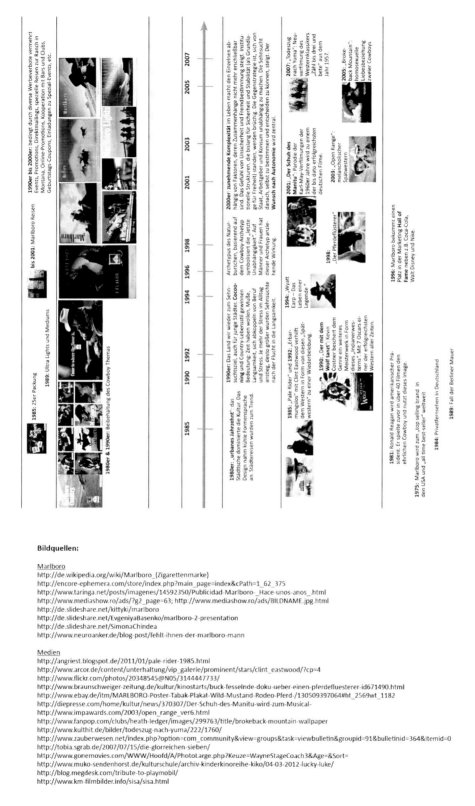

Bildquellen:

Marlboro
http://de.wikipedia.org/wiki/Marlboro_(Zigarettenmarke)
http://encore-ephemera.com/store/index.php?main_page=index&cPath=1_62_375
http://www.taringa.net/posts/imagenes/14592350/Publicidad-Marlboro-_Hace-unos-anos_.html
http://www.mediashow.ro/ads/?g2_page=63; http://www.mediashow.ro/ads/BILDNAME.jpg.html
http://de.slideshare.net/kittyki/marlboro
http://de.slideshare.net/EvgeniyaBasenko/marlboro-2-presentation
http://de.slideshare.net/SimonaChindea
http://www.neuroanker.de/blog-post/fehlt-ihnen-der-marlboro-mann

Medien
http://angriest.blogspot.de/2011/01/pale-rider-1985.html
http://www.arcor.de/content/unterhaltung/vip_galerie/prominent/stars/clint_eastwood/?cp=4
http://www.flickr.com/photos/20348545@N05/3144477733/
http://www.braunschweiger-zeitung.de/kultur/kinostarts/buck-fesselnde-doku-ueber-einen-pferdefluesterer-id671490.html
http://www.ebay.de/itm/MARLBORO-Poster-Tabak-Plakat-Wild-Mustand-Rodeo-Pferd-/130509397064#ht_2569wt_1182
http://diepresse.com/home/kultur/news/370307/Der-Schuh-des-Manitu-wird-zum-Musical-
http://www.impawards.com/2003/open_range_ver6.html
http://www.fanpop.com/clubs/heath-ledger/images/299763/title/brokeback-mountain-wallpaper
http://www.kulthit.de/bilder/todeszug-nach-yuma/222/1760/
http://www.zauberwesen.net/index.php?option=com_community&view=groups&task=viewbulletin&groupid=91&bulletinid=364&Itemid=0
http://tobia.sgrab.de/2007/07/15/die-glorreichen-sieben/
http://www.gonemovies.com/WWW/Hoofd/A/PhotoLarge.php?Keuze=WayneStageCoach3&Age=&Sort=
http://www.muko-sendenhorst.de/kulturschule/archiv-kinderkinoreihe-kiko/04-03-2012-lucky-luke/
http://blog.megdesk.com/tribute-to-playmobil/
http://www.km-filmbilder.info/sisa/sisa.html

4. Untersuchung des Wertesystems

4.3.4 Untersuchung des Wertesystems

a) Welche modernen Kulturwerte werden in der Gesellschaft zu bestimmten Zeitpunkten als sinnstiftend und konstituierend angesehen?

Das Wertesystem der Gesellschaft hat sich im 20. Jahrhundert immer wieder den Wünschen und Bedürfnissen, Vorstellungen und Sehnsüchten der Menschen angepasst. Beeinflusst durch politische und wirtschaftliche Faktoren fanden vor allem in Deutschland häufige Wertewandel statt. An dieser Stelle sollen jedoch nur diejenigen Kulturwerte aufgeführt werden, die Einfluss auf den Cowboy-Mythos gehabt haben könnten.

Die 1950er und frühen 60er Jahre waren zunächst bestimmt von Pflicht- und Akzeptanzwerten wie Disziplin, Gehorsam und Pflichterfüllung (Bismarck; Baumann 1995, S. 76). Die sogenannte *68er Generation* brachte einen Wertewandel mit sich und verursachte damit eine Verlagerung der Werte-Prioritäten. So waren die darauf folgenden 1970er Jahre hauptsächlich geprägt von Selbstentfaltungs- und Engagementwerten wie z.B. Emanzipation, Gleichbehandlung, Demokratie und Partizipation (Idealistische Gesellschaftskritik) oder Genuss, Abenteuer, Spannung und Abwechslung (Hedonismus), aber auch von Spontanität, Selbstverwirklichung und Ungebundenheit (Individualismus). Die 1980er und 90er Jahre brachten erneut einen Wertewandelschub mit sich, der sich durch *Wertepluralismus* ausdrückte. Freizeitorientierung und vernünftige Praktizierung von Selbstentfaltungswerten standen im Vordergrund, gleichzeitig fand aber auch eine begrenzte Wiederentdeckung von konservativen, traditionellen Pflicht- und Akzeptanzwerten statt. Selbstverwirklichung und Lebensqualität rücken jedoch in dieser Phase mehr in den Vordergrund (Bismarck; Baumann 1995, S. 75). In diesem Zuge werden das *Cocooning* (das Einkuscheln im eigenen Heim) und der Country-Lebensstil wichtiger. Junge Städter möchten wieder mehr Zeit haben, möchten Langsamkeit und Ruhe abseits von Hektik und Stress des Alltags spüren. Das Leben auf dem Land wird wieder zum Sehnsuchtsobjekt (Horx 1996, S. 153).

Die 2000er Jahre waren hauptsächlich geprägt durch eine zunehmende Komplexität im Leben des Einzelnen. Das Individuum war abhängig von Faktoren, deren Zusammenhänge nicht mehr einfach zu erfassen waren. Das Gefühl von Unsicherheit und Fremdbestimmung stieg. Institutionelle Strukturen, die bislang für Sicherheit und Stabilität (als Grundlage für Freiheit) standen, wurden brüchig und die Gegenstrategie war, sich von Staat, Arbeitgeber und Konsum unabhängig zu machen. Die Sehnsucht danach, selbst bestimmen, machen und entscheiden zu können, stieg ebenfalls an. Der Wunsch nach Autonomie wurde zentral (Wippermann; Angerer 2012).

Abbildung 16 zeigt die benannten Werte der Jahrzehnte in einer Übersicht als Grundlage für die Interpretation im fünften Schritt.

Abbildung 16: Wertewandel in der Gesellschaft (1950er bis 2000er Jahre)

1950er	1960er	1970er	1980er und 1990er	2000er
Pflicht- u. Akzeptanzwerte: • Disziplin • Gehorsam • Pflichterfüllung • Selbstbeherrschung • Fügsamkeit	**Zukunftsoptimismus:** • Aufbegehren • Junge Generation sucht nach neuen Lebens- und Ausdrucksformen. **Verunsicherung durch politische Konflikte**	**Idealistische Gesellschaftskritik:** • Emanzipation • Gleichbehandlung • Demokratie • Partizipation **Hedonismus:** • Genuss • Abenteuer • Spannung • Abwechslung **Individualismus:** • Kreativität • Spontanität • Selbstverwirklichung • Ungebundenheit	**Wertepluralismus** • Freizeit- und Erlebnisorientierung • Vernünftige Praktizierung von Selbstentfaltungswerten • Engagement für soziale und ökologische Ziele, wenn sie das unmittelbare Lebensumfeld betreffen • Begrenzte Wiederentdeckung von Pflicht- und Akzeptanzwerten • Lebensqualität • Cocooning & Country-Lebensstil	**Schutz gegen zunehmende Komplexität** • Unabhängigkeit • Selbstbestimmung • Autonomie **Suche nach Stabilität und Sicherheit**

Quelle: Eigene Darstellung in Anlehnung an Bismarck und Baumann (1995, S. 76 f.); Horx (1996, S. 153); Wippermann und Angerer (2012)

b) Welche archetypischen Werte werden durch die Marke Marlboro und den Cowboy-Mythos angesprochen?

Der Cowboy ist eindeutig eine archetypische Identifikationsfigur für die Menschen, v.a. während der Hochphase der Westernfilme in den 40er und 50er Jahren, wenn man die mediale Ebene betrachtet. In den Filmen verkörpert der Cowboy stets höchste moralische Prinzipien und hat alles im Griff. Er ist ein starker Mann, der keine Grenzen kennt, der zupackt und selbständig ist. Er verkörpert an erster Stelle die Werte Freiheit und Unabhängigkeit, aber auch Werte wie Eroberung, Wettbewerb, Leistung und Durchsetzung (Dingler 1997).

Dadurch entspricht die Figur des Cowboys zum einen dem **Archetypus des Helden**. Der Held hat die Fähigkeit, die Welt zu verbessern. Mit Kraft, Mut und Stärke setzt er sich für das ein, was in seinen Augen zählt. Er kennt keine Schwäche, ist unverletzbar und kann sich durchsetzen. Der Held kann aber auch einen Außenseiter der Gesellschaft darstellen, der sich den Abenteuern der Welt stellt, um sich selbst und den anderen etwas beweisen zu können (Feige 2007, S. 151 f.).

Horx schreibt dem Marlboro-Cowboy zusätzlich den **Archetypus des Naturburschen** zu. Er symbolisiert die „letzte Unabhängigkeit". Er muss sich mit der Natur auseinandersetzen, er muss sein Land und seine Pferde hegen und pflegen. Kernig, unnahbar, unabhängig im Holzfällerhemd. Auch bei Frauen finden diese Aspekte des Cowboys großen Anklang (Horx 1996, S. 230 f.). Verstärkend auf diesen Archetypus wirkt die Landschaft des Marlboro Country, in der sich der Cowboy befindet. Wildromantisch, rau, weit, unverstellt und karg. Eigenschaften, die auch der Marlboro-Cowboy selbst verkörpert (Führer 2005, S. 151).

Des Weiteren hat der Marlboro-Cowboy auch etwas von dem **Archetypus des alten Weisen**. Er scheint immer entspannt und ausgeglichen, lässig und abgeklärt und strahlt eine innere Ruhe aus. In seinem Gesicht sind die Spuren des harten Lebens in der rauen Natur zu sehen. Er verkörpert nicht das Jugendliche, Fröhliche oder Trendige, sondern Weisheit und Spiritualität. Wenn er seine Pflicht getan hat, lächelt er zufrieden. Er ist nicht fröhlich und vergnügt und sucht nicht nach Spaß und Selbstverwirklichung. Er wirkt ausgeglichen, maßvoll, lässig und abgeklärt (Horx; Wippermann 1995, S. 451 f.).

Der Marlboro-Cowboy vereint verschiedene Archetypen und spricht dadurch verschiedene Zielgruppen gleichzeitig an: Männer und Frauen, Individualisten und Konservative, Studenten und Großverdiener (Horx; Wippermann 1995, S. 451 f.).

Durch diese hier vorgestellten modernen Kulturwerte und archetypischen Werte wird das zusätzliche Bedeutungssystem des Cowboy-Mythos vom Betrachter als sinnstiftend empfunden und kann Struktur im Leben eines Individuums schaffen.

5. Interpretation und Wirkung auf Verbraucher

4.3.5 Interpretation und Wirkung auf den Verbraucher
a) Aufzeigen von Zusammenhängen

Im fünften Schritt soll herausgefunden werden, durch welche Umstände und äußeren Einflüsse der Cowboy-Mythos entstehen konnte. Dies erfolgt zunächst durch das Aufzeigen von Zusammenhängen zwischen Ereignissen auf den verschiedenen Ebenen des Zeitstrahls und Erkenntnissen aus dem Wertesystem. So kann die Frage beantwortet werden, ob der Mythos bspw. durch die Marke selbst entstanden ist oder dieser bereits vorher (bewusst oder unbewusst) in der Gesellschaft bestand und Marlboro ihn lediglich aufgegriffen hat. Auch soll geklärt werden, zu welchem Zeitpunkt der Cowboy-Mythos entstanden ist.

Die Frauenzigarette

Betrachtet man auf dem Zeitstrahl (siehe Faltplan) die Entwicklung der Marke Marlboro hinsichtlich ihrer Kommunikation, ihrer Produkte und ihrer Zielgruppen zwischen den Jahren 1902 (Gründung des Unternehmens Philip Morris) und 1953, wird deutlich, dass die Marke Marlboro nach ihrer Einführung im Jahr 1923 zunächst als Luxus- und Frauenzigarette vermarktet wurde. Kernelement des Produktes war damals der rote *Beauty Tip*, der verhindern sollte, dass Lippenstiftspuren auf der filterlosen Zigarette zu sehen sind. Mit dem Slogan *„Mild as May"* und der Abbildung der Hollywood-Schauspielerin May West wurde die Positionierung als Frauenzigarette noch verstärkt. 1953 wurde offiziell bestätigt, dass Rauchen schädlich sein kann, was viele Raucher dazu bewegte, zu Filterzigaretten zu greifen. Philip Morris reagierte darauf und brachte ebenfalls eine Filterzigarette auf den Markt und wollte mit der „Baby"-Kampagne vor allem diejenigen Menschen erreichen, die sich zwar vor den Folgen des Rauchens fürchteten, jedoch nicht so einfach damit aufhören konnten. Nichtsdestotrotz galten Filterzigaretten als Softie-Zigaretten, etwas mit dem sich vor allem Männer nicht gerne sehen lassen wollten. Da die Verkaufszahlen sanken und der Marktanteil von Marlboro in den USA zu diesem Zeitpunkt nur noch 0,25 Prozent[13] betrug, beschloss Philip Morris, die Kommunikationsstrategie zu ändern (Adjouri 2002, S. 55; Basenko 2009).

Die Marlboro Männer

1954 engagierte das Unternehmen deshalb die Agentur Leo Burnett Chicago und beauftragte sie mit der Entwicklung einer neuen Werbekampagne, die Männer ansprechen sollte. Berichten von Leo Burnett zufolge wurde in einem Brainstorming im Jahr 1954 nach dem wohl maskulinsten Symbol gefragt, das sich die Beteiligten vorstellen konnten. *"Ganz spontan sagte einer der Schreiber: 'Ein Cowboy'. Und ich sagte: 'Das ist sicher'."* (Leo Burnett, 1954 zit. in Farin, 2008) Als Ergebnis wurde zunächst die „Marlboro Man" Kampagne ins Leben gerufen, in der der Cowboy nur einen von vielen Männern darstellte, die das neue Image der Marke repräsentieren sollten. Es wurden Nahaufnahmen von robusten Männern mit meist kantigem, ausdrucksstarkem Gesicht gezeigt, die ihre tägliche harte Arbeit mit einer Marlboro im Mundwinkel meisterten. Das waren Rettungsschwimmer, Seemänner, Drill Sergeants, Bauarbeiter, Spieler und andere Typen, die das Maskuline und die raue Unabhängigkeit verkörpern sollten. Unter ihnen auch der Cowboy. Allesamt verkörperten das maskuline Temperament und eine gewisse Robustheit und Unabhängigkeit (Basenko 2009; Wang 2003). Mit dieser Kampagne wurde auch die neue „Flip-top box", eine Innovation in der Branche, eingeführt. Bis zum Jahr 1957 stiegen die Verkaufszahlen

---

[13] Vgl. Mayer; Mayer (1987, S.34) zit. nach Adjouri (2002, S. 55)

um 5000 Prozent seit Start der Kampagne und Marlboro wurde damit zur meist gekauften Filterzigarette in den USA (West o.J.). Die Umpositionierung der Marke hatte somit großen Erfolg.

1957 veröffentlichte der Reader´s Digest eine Studie, die das Rauchen mit Krebs in Verbindung brachte. Philip Morris reagierte darauf und versuchte wiederum eine weichere Seite zu zeigen, die gleichzeitig die männlichen Raucher aber nicht abschrecken sollte. Das *„Settle back with a Marlboro"* Thema bestimmte nun die Kommunikation von Marlboro.

Der Cowboy

In den 1960er Jahren wurde die Politik in den USA komplizierter, die Gesellschaft war verunsichert durch das Kennedy-Attentat, daraus resultierender Konflikte und vom Vietnam-Krieg. Philip Morris beschloss, die Kommunikation erneut anzupassen. Der Cowboy hielt Einzug in die Werbung der Marke Marlboro.

> *„In einer Welt, die immer komplexer und frustrierender für den Einzelnen wurde, repräsentierte der Cowboy eine Antithese – ein Mann, dessen Umgebung sehr simpel und relativ druckfrei ist. Er war sein eigener Boss in einer Welt, die er selbst besaß."* (Jack Landry, Marlboro Brand Manager, zit. nach Farin 2008)

So wurde der Cowboy 1962 zum ersten Mal das Hauptthema der Marlboro-Kampagnen. Mit dem Slogan *„Come to where the flavor is. Come to Marlboro Country"* und einer Bildwelt der Natur des Westens und des idealtypischen Amerikas, verkörperte der Cowboy Freiheit, Unabhängigkeit und Stärke. Der Cowboy gab den Menschen Orientierung in einer Welt voller Unsicherheiten und schaffte Vertrauen. Durch den Einsatz realer Cowboys versuchte Marlboro dieses Image eine Zeit lang noch zu verstärken. *„Der Geschmack von Freiheit und Abenteuer"* und der Cowboy blieben Hauptthema der Markenkommunikation bis zum Jahr 2010 (Farin 2008; Basenko 2009; Gopal 2006; Wang 2003; Katholnig o.J.; GWA 1985).

Des Weiteren stärkte Marlboro das Image durch Motorsport-Sponsoring (bis 2006), die Sparte „Marlboro-Reisen" (bis 2001) und durch zahlreiche weitere Promotion-Maßnahmen. Durch diverse Werbeverbote, die die gesamte Tabakindustrie betrafen, musste sich auch Marlboro auf andere Kommunikationsmaßnahmen konzentrieren und lancierte vermehrt Events, Promotion-Aktionen, Online-Promotions oder Gewinnspiele in Verbindung mit einer Reise nach Montana. Auch mit Bars und Clubs wurden Kooperationen geschlossen, um die Marke dort vor Ort bei der Zielgruppe zu verankern (West o.J.).

Der Wilde Westen

Der Ebene der Medien kommt in Bezug auf den Cowboy-Mythos eine besondere Bedeutung zu. Der bis zu Beginn des 19. Jahrhunderts unbekannte westliche Teil Nordamerikas war bis dato wildes Land, das nur die indianischen Einwohner kannten. Lediglich vereinzelte amerikanische und spanische Abenteurer und Entdecker hatten sich in die weiten Prärien, Berge und Savannen des Westens gewagt. Durch deren Berichte und Ausschmückungen der atemberaubenden Landschaften, fruchtbaren Böden und Naturwundern etablierte sich in den Staaten des Ostens bald ein Bild des *Wilden Westens*. Der Westen wurde aus verschiedenen Gründen als wild angesehen: zivilisatorisch rückständig im Vergleich zum Osten, größtenteils unberührte Natur, Schlupfwinkel und rechtsfreier Raum für Außenseiter, und er bot die Möglichkeit, die Sehnsucht nach Freiheit und Unabhängigkeit zu erfüllen (Emmerich 2009, S. 8).

Die Vorstellungen des Wilden Westens wurden wohl am meisten durch die Geschichten von und um den legendären Buffalo Bill geprägt. Als Zugführer, Kutscher, Fährtensucher und Kundschafter bestritt William Frederick Cody (Buffalo Bills bürgerlicher Name) ein aufregendes Leben. Ende der 1860er Jahre arbeitete er für die Kansas Pacific Railway und versorgte die Arbeiter dort mit Büffelfleisch. Mit über 4280 Büffeln innerhalb 18 Monaten wurde er zum erfolgreichsten Büffeljäger jener Zeit. Diese Geschichten verbreiteten sich zu Beginn durch den Journalisten Ned Buntline aus New York, der Theaterstücke und Groschenromane veröffentlichte, die meist übertrieben dargestellte Ausführungen der Erlebnisse des Buffalo Bill enthielten. Als Cody erkannte, wie erfolgreich er mit seinen eigenen Geschichten sein könnte, begann er, sich selbst in Theaterstücken zu spielen und gründete eine eigene Show im Jahr 1883. Er engagierte echte Bewohner des Wilden Westens, darunter auch Indianer, echte Büffel und Postkutschen, Cowboys, Soldaten und Banditen. Sogar der berühmte Sioux-Indianer-Häuptling *Sitting Bull* trat in den Shows auf, der mittlerweile im Reservat lebte und wenige Jahre zuvor die Waffen niedergelegt hatte. Die Show stellte historische Ereignisse stets überzeichnet und in einem unrealistischen Stil dar. Doch genau diese Klischees beeinflussten maßgeblich die ersten Westernfilme des frühen 20. Jahrhunderts. Buffalo Bill tourte mit seiner Truppe durch Amerika und auch bald durch Europa. So wurde das *„von ihm verklärte, romantisierte Bild des Wilden Westens, der Indianer und der Cowboys"* vor allem in England und Deutschland verbreitet (Emmerich 2009, S. 12).

Owen Wister beschrieb im Jahr 1901 zum ersten Mal die romantisierte Figur des Cowboys in seinem Roman *The Virginian*. Diese Darstellung des Cowboys wurde zum Vorbild der wohl meisten Westernhelden bis in die heutige Zeit (Jeier 2011, S. 252). Dies war somit der Ursprung des Cowboys, wie er in den Medien seither beschrieben wird. Kurz nach Erscheinen dieses Romans wurde der erste Westernfilm *Der große Eisenbahnraub* im Jahr 1903 gedreht. Die Handlung basierte größtenteils auf den Geschichten und Erlebnissen von Buffalo Bill, wie sie auch seinen Shows dargestellt wurden. Dieser Film war der Beginn einer neuen bedeutenden Zeit in der Filmwelt. Es wurden danach unzählige Westernfilme gedreht, für deren Produktion sich die Filmindustrie in Kalifornien niederließ und die Studios in Hollywood gründeten. Kalifornien war der perfekte Standort für die Naturkulissen und das sonnige Wetter, das für die Westernfilme essentiell war (Emmerich 2009, S. 13). Mit dem Film *Ringo* kam 1939 der Inbegriff des amerikanischen Westernhelden in die Kinos: John Wayne. Patriotisch, männlich und die Verkörperung des Amerikas, wie man es sich im Traum vorstellte. Der Cowboy bekam mit John Wayne ein einprägsames Gesicht (Niederer 2007; Rome 2011).

In den 1940er und 1950er Jahren erlebten die Westernfilme ihren Höhepunkt und das romantisierte, überzeichnete Bild des Wilden Westens festigte sich in Europa und mit ihm das Bild des Cowboys. Dieser steht in klassischen Westernfilmen im Mittelpunkt der Handlung. Sein Feind ist meist ein skrupelloser Bösewicht. Er selbst verkörpert höchste moralische Tugenden und verteidigt seine Truppe selbstlos gegen seinen Gegenspieler. Als Retter der Gesellschaft symbolisiert er *„im Kleinen Amerikas Kampf gegen das Böse"* (Emmerich 2009, S. 13).

Es ist anzumerken, dass es den Westen wie er in diesen Filmen und Erzählungen dargestellt wurde, so nie gegeben hat. Es wurde eine Legende geschaffen, auf die die amerikanische Geschichte aufbauen konnte. Die Realität des Wilden Westens war in Wahrheit sehr grausam, schmutzig und gewalttätig. Doch der Mythos um das Land der unbegrenzten Möglichkeiten hätte ohne diese Legenden nie entstehen können (Jeier, T. 2011, S.252 ff.).

Betrachtet man nun parallel dazu die Entwicklung der Marke Marlboro auf dem Zeitstrahl (siehe Faltplan), wird deutlich, dass der Cowboy bis Ende der 1950er Jahre durch die Medien bereits großen Anklang in der Gesellschaft gefunden hatte und zum festen Bestandteil der Träume, Sehnsüchte und Wertvorstellungen der Menschen geworden war. Der Mythos des Cowboys, romantisiert, heldenhaft und unabhängig hatte sich wie es scheint durch die Westernshows, -romane und vor allem durch die Filme gefestigt.

Die TV-Spots von Marlboro ab dem Jahr 1962 reflektieren die Vorstellung von Freiheit in endlosen Weiten, das Leben in einem Land voller Möglichkeiten. Als im Jahr 1963 zusätzlich die Titelmusik des Westerns *Die glorreichen Sieben* von Marlboro aufgegriffen wurde und die Fernsehspots damit unterlegt wurden (Gopal 2006), war die Verknüpfung zum Wild-West-Assoziationsschema nahezu perfekt. Die Musik wurde zum *Marlboro-Song* und wurde bis zum Jahr 2010 in Werbespots bei der Einblendung des Cowboys im *Marlboro Country* verwendet.

Parallel zum Marlboro-Cowboy erschien in Deutschland 1962 der erste deutsche Western *Der Schatz im Silbersee*, eine Verfilmung der Erzählungen des Schriftstellers Karl May, der sich schon früh mit der Pionierzeit des amerikanischen Westens und den Berichten über die Auswandererströme befasste. Der Film wurde zum bis dato erfolgreichsten deutschen Nachkriegsfilm und löste darüberhinaus in ganz Europa eine große Western-Begeisterung aus (Emmerich 2009, S. 15 ff.).

Werbeverbote in TV und Radio in den 70er Jahren konnten Marlboro wenig anhaben. Motorsport-Sponsoring, Marlboro-Reisen und zahlreiche Promotion-Aktionen stärkten weiterhin das Image der Marke. Das Thema des Wilden Westens fasziniert in den 70er und 80er Jahren immer wieder mehrere Generationen zugleich und konnte sich durch Film, Schlagermusik, Wieder-Ausstrahlungen im Fernsehen und durch die Karl-May-Festspiele in Deutschland verankern und wurde dadurch immer von Neuem zum Leben erweckt.

Nachdem sich Hollywood während der 70er Jahre hauptsächlich auf die Produktion von Science-Fiction-Filmen konzentrierte (Emmerich 2009, S. 20), trat der Wilde Westen und das Bild des Cowboys auf der medialen Ebene in den Hintergrund. Marlboro warb jedoch konsequent weiter mit dem Marlboro Country. Es lässt sich hier die These aufstellen, dass der Cowboy-Mythos in dieser Zeit, in der Westernfilme ihre Hochphase hinter sich hatten, vor allem noch durch die Marke Marlboro am Leben erhalten wurde. Denn durch die Konfrontation mit den Plakaten und Kinospots konnte die vertraute Figur des heldenhaften Cowboys weiterhin Sehnsüchte stillen, Träume zum Greifen nahe bringen und Erinnerungen an den Wilden Westen, wie man ihn aus den zahlreichen Filmen kannte, wecken. Der Geschmack von Freiheit und Abenteuer blieb weiterhin bestehen.

Das Genre des Westernfilms wurde zwischen 1980 und 2010 immer wieder neu aufgegriffen und somit in unterschiedlichster Form wiederbelebt. Mit den Filmen *Pale Rider* und *Erbarmungslos* gelang zunächst Clint Eastwood in den Jahren 1985 und 1992 ein *Revival* des Westerns. Der Cowboy bekam wieder ein Gesicht. Nicht vergleichbar mit dem Typus, den John Wayne verkörpert hatte, aber dennoch eine einprägsame Figur. 1990 beschert Kevin Costner mit dem „Indianerwestern" *Der mit dem Wolf tanzt* dem Genre ein neues, wieder andersartiges Glanzstück. Mit 7 Oscars wurde dieser Film zu einem der erfolgreichsten Western aller Zeiten (Cinema 2011). Nicht nur das Bild des Cowboys wurde hier neu aufgegriffen, sondern auch die Rolle der Indianer erlangt eine wichtigere Bedeutung. Mit den Filmen *Wyatt Earp* 1994, *Open Range* 2003 und *Todeszug nach Yuma* 2007 wurde der Wilde Westen immer wieder aufgegriffen, was zeigt, wie präsent und relevant das Thema nach wie vor ist. Auch *Der Pferdeflüsterer* 1998 mit Robert Redford greift grundlegende Elemente des Westerns, vor allem aber das Bild des Cowboys als wortkargen, rauen und lässigen Einzelgänger, der die Natur und die Pferde dominiert und über seine Rinderherde wacht und letztendlich der Held des Films ist, erfolgreich auf. Selbst die deutsche Parodie der Karl-May-Verfilmungen *Der Schuh des Manitu* mit Michael „Bully" Herbig, Christian Tramitz und Sky du Mont im Jahr 2001 hat großen Erfolg in Deutschland und wird sogar zum bis dato erfolgreichsten deutschen Film (Spiegel Online 2001). Ob der Erfolg nun von der Beliebtheit des Western-Genres oder von der Popularität und des Humors der Hauptdarsteller herrührte, bleibt offen. Fakt ist, dass das Cowboy-und-Indianer-Thema erneut erfolgreich aufgegriffen werden konnte.

Der Film *Brokeback Mountain* aus dem Jahr 2005 griff das Cowboy-Thema dann auf eine völlig neue, unerwartete Weise auf. Die Geschichte einer homosexuellen Liebesbeziehung zweier Viehtreiber verursachte gegensätzliche Meinungen. Den Cowboy-Mythos in dieser Form „verunstaltet" zu sehen, stieß einerseits auf Kritik. Die Kunst, ein Thema des Zeitgeists auf diese Weise aufzugreifen und mit der Thematik des einsamen Cowboys zu kombinieren, erntete dagegen auch Lob.

In welcher Form auch immer der Cowboy in den Medien aufgegriffen wurde, er behielt über die Jahre hinweg Relevanz in den Köpfen der Menschen. Ein Kenner des Western-Genre formulierte dieses Phänomen folgendermaßen: *„Der Western kann gar nicht sterben, denn es gibt nichts, das ihn ersetzen könnte."* (Cinema 2011)

Aus diesen Erkenntnissen lässt sich schließen, dass Marlboro den Cowboy-Mythos nicht erschaffen, sondern ihn lediglich zu einem guten Zeitpunkt aufgegriffen hat. Der Cowboy hatte seine Wirksamkeit in der Gesellschaft bereits bewiesen. Das genussvolle Rauchen wurde mit dem Mythos des Cowboys verknüpft und kontinuierlich beibehalten. So konnten sich die Assoziationen festigen. Führer konstatiert sogar, dass dadurch der neue Mythos des „Marlboro-Mannes" entstehen konnte (Führer 2005, S. 141).

b) Wirkung auf den Verbraucher

Durch die Darstellung der am Zeitstrahl abgebildeten Einflüsse und die Werte aus dem Wertesystem kann an dieser Stelle die Wirkung auf den Verbraucher qualitativ bestimmt und die Rolle des Mythos für die Marke

Marlboro abgeleitet werden. Die Wirkung des Cowboy-Mythos auf den Verbraucher wird durch das mythische Regelsystem und das Wertesystem des jeweiligen Betrachters beeinflusst.

Betrachtet man das Wertesystem (vgl. Abbildung 16) in Zusammenhang mit der Entwicklung der Marke Marlboro, scheint vor allem die Einführung der Cowboy-Kampagne 1962 mit dem Slogan „Come to where the flavor is. Come to Marlboro Country" und einer Bildwelt der Natur des Westens und des idealtypischen Amerikas eine Sehnsucht der Gesellschaft zu diesem Zeitpunkt zu treffen. Der Cowboy verkörperte Freiheit, Unabhängigkeit und Stärke, vor allem aber gab er den Menschen Orientierung in einer Welt voller Unsicherheiten, Umbruchsstimmung und politischen Konflikten. Er schaffte Vertrauen und Sicherheit. Sattelfest und konservativ. Der Cowboy stand zu dieser Zeit gleichermaßen für Unabhängigkeit als auch für Disziplin und Pflichterfüllung. Denn der Beruf des Cowboys verkörpert mehr als nur den *„Duft von Freiheit und Abenteuer"*. Hier geht es auch um den konservativen Alltag in einem harten Job: *„früh aufstehen, ausreiten, hart arbeiten (Pferde zureiten, Rinderherden in die Koppel treiben und Weideflächen einzäunen) und am Lagerfeuer übernachten. Dieser harte Job kann nur von den härtesten „Kerlen" gemacht werden (Im Übrigen soll das auch der Grund sein, warum viele Arbeiter die Marlboro rauchen)"* (Günther 2011).

Die Marke Marlboro, die diesen Mythos aufgriff, löste durch die Abbildung des Cowboys all diejenigen Assoziationen und Schemata in den Köpfen der Menschen aus, die im Zusammenhang mit dem Wilden Westen bereits gespeichert und verinnerlicht waren.

Auch in den 70er Jahren trifft Marlboro mit dem Cowboy einen Nerv. Abenteuer, Spannung und Abwechslung, Selbstverwirklichung und Unabhängigkeit sind wichtige Werte der Gesellschaft. Für all das steht der Cowboy ebenfalls. In den 80er und 90er Jahren ist er weiterhin relevant, denn Freizeitorientierung, Lebensqualität und die Sehnsucht nach dem Landleben stehen bei den Menschen im Vordergrund, auch Fernreisen werden zum Standard in der Erlebnisgesellschaft. Marlboro bietet mit dem *Marlboro Country* und damit verbundenen Promotion-Aktionen und Abenteuerreisen die ideale Fantasievorstellung für diese Sehnsüchte.

Vor allem Mitte der 80er Jahre mochten Jugendliche frei von Zwängen und unabhängig von den Eltern sein, Eltern, die zu spießig und angepasst für eine moderne Welt waren. Doch erwachsene Männer haben trotz allem nach wie vor die Pflicht, für die Familie zu sorgen und treu und redlich sein. Freiheit galt daher weiterhin als hochgeschätzter Wert in der Kultur und musste deshalb vor allem von Männern verteidigt und geschützt werden (Dingler 1997; Horx; Wippermann 1995, S. 448).

Die Individualgesellschaft forderte Selbstverwirklichung, Kreativität, Toleranz und liberalen Lifestyle. Nicht alle konnten diesen Forderungen nachkommen. Werte, auf die man sich verlassen hatte, sollten neuen Werten wie Erlebnis, Abenteuer und Freiheit weichen. Dieser rasche Wandel führte oftmals zu Überforderung. Der Cowboy wirkte in dieser Phase wiederum als eine Art Botschafter aus zwei Welten: zum einen verkörperte er den neuen Individualismus durch die Werte Freiheit und Abenteuer, indem er einsam durch die Weiten des Marlboro Country ritt, und ganz unabhängig, frei und individuell alles meistern konnte. Zum anderen verkörperte er auch das Konservative: wilde Pferde zähmen, Weiden einzäunen, am Lagerfeuer grillen (wie traditionelle Familienväter das tun), bei Sonnenaufgang aufstehen, einen strengen disziplinierten Tagesablauf einhalten und sich mit großem Einsatz um seine Herde kümmern. Die Besinnung auf Pflicht- und Akzeptanzwerte stehen damit in enger Verbindung (Horx; Wippermann 1995, S. 448 ff.).

Das Bild von Männlichkeit

Durch das Fortschreiten des Emanzipationsprozesses hatten sich tradierte Männer- und Frauenrollen geändert, die Individualisierung hielt Einzug und die Zahl der Singlehaushalte und der Scheidungen stieg an. Ein neues Bild der Männlichkeit tauchte auf: der Softie, weich, ohne Kontur, sensibel und nicht bereit sich festzulegen oder seine Unabhängigkeit zugunsten einer Familie aufzugeben. Den neuen Männern fehlten die männlichen Attribute. Deshalb sehnten sich die Frauen nun wieder nach neuen, starken Männern, die Verantwortung übernehmen konnten, die sie beschützen und auf die sie sich verlassen konnten. Die Männer hingegen waren zu dieser Zeit selbst in ihrer Rolle nicht sicher und durch die Emanzipation der Frauen zunehmend irritiert. Genau hier stellte wiederum der Cowboy eine verlässliche Figur dar. Archaisch und ikonenhaft verkörpert er Männlichkeit und Unabhängigkeit. Beziehungsprobleme gibt es im Marlboro Country nicht, da es dort keine Frauen gibt (Horx; Wippermann 1995, S. 442 ff.).

Selbst in den 2000er Jahren haben die Werte des Cowboys noch Bedeutung in der Gesellschaft. Die zunehmende Komplexität verunsichert die Menschen. Sie sind abhängig von Faktoren, deren Zusammenhänge so komplex und unübersichtlich sind, dass diese nicht mehr erfasst werden können. Die Angst vor Fremdbestimmung steigt. Durch bröckelnde institutionelle Strukturen, die bislang als sicher und stabil galten und die Grundlage der individuellen Freiheit darstellten, verbreitet sich Unsicherheit. Die Gesellschaft möchte sich als Gegenmaßnahme von Staat, Arbeitgeber und Konsum unabhängig machen. Die Sehnsucht nach Selbstbestimmung steigt, ebenso wie der Wunsch nach Autonomie. In dieser Zeit schafft es die Marke Marlboro, eine gewisse Stabilität und Sicherheit zu bieten. Denn egal was in Politik, Wirtschaft oder in der Gesellschaft passiert, auf den Cowboy kann sich der Verbraucher verlassen. Er bleibt kontinuierlich bestehen, er ist ein Vertrauter, der die Menschen schon seit Jahrzehnten begleitet und sich dabei selbst immer treu bleibt. Anpassungen an die Veränderungen des Zeitgeistes fanden nur marginal statt, so dass die Identität der Marke stets erhalten blieb (Adjouri 2002, S. 55).

Entlastung durch den Cowboy

Der Cowboy diente den Konsumenten dadurch auch als Entlastung. Die ständige Konfrontation mit neuen Informationen, neuen Trends und neuen Idealvorstellungen, die meist durch die Medien verbreitet werden, führen zur Überforderung und Stress. Marlboro bot mit dem Cowboy einen mentalen Ausgleich zwischen dem Unbewussten und der realen Welt. In der Marlboro-Welt werden unberechenbare Dinge (ausgedrückt durch die wilden Pferde) immer unter Kontrolle gebracht. Es herrscht Ordnung und Disziplin im Marlboro Country. Der Cowboy fängt damit Ängste der Moderne auf und dient als Anker und Vorbild in einer Individualgesellschaft voller Beschleunigung und Stress. Darüber hinaus hat er die Fähigkeit, alte und neue Werte zu vereinen (Horx; Wippermann 1995, S. 450 f.).

> *„Er ist der anarchische Spießer, der konservative Rebell, der wir in der Tiefe unserer Seele alle sind: Wir alle wollen Freiheit und Sicherheit, Wildheit und Kontinuität. Der Cowboy markiert das moderne Paradoxon des „Je-mehr-Desto": Je mehr unsere Gesellschaft in die Individualität zerfällt, desto mehr sehnen wir uns nach Verlässlichkeit, je mehr die alten Kulturnormen morsch werden, desto wichtiger wird Männerfreundschaft, je weiter wir uns von der Existenz in der Wildnis entfernen, desto größer wird unsere Sehnsucht nach archaischer Natur."* (Horx; Wippermann 1995, S. 450)

Die Marke hat es geschafft, über Jahrzehnte hinweg bestimmte Werte zu verkörpern, die eine zeitlose Wirkung zu haben scheinen. Trotz verschiedener Phasen des Wertewandels konnte sich die Zielgruppe in irgendeiner Form mit dem Cowboy identifizieren. Einerseits reif, männlich, hart, bodenständig, cool und jeder Situation gewachsen; andererseits konservativ, ordentlich, praktisch und eher angepasst anstatt individualistisch. Zivilisierte Eigenschaften, die die Verknüpfung zwischen dem wahren und dem idealen Wunsch-Charakter des Konsumenten herstellen (Buchholz; Wördemann 1999, S. 158).

Marlboro Country

Keine Landschaft greift die Geschichte eines Landes und die damit verbundenen Sehnsüchte der westlichen Kultur besser auf, als das Marlboro Country. Endlos weite Prärien, Berge, Savannen verkörpern die Geschichte vom großen Treck nach Westen und von der Eroberung der Natur durch den weißen Mann (Horx; Wippermann 1995, S. 454).

Marlboro hat es geschafft, die Bilderwelt des Cowboys und des Wilden Westens mehrere Jahrzehnte lang konsequent mit der Marke zu verbinden. So konnten die Konsumenten diese Verknüpfung verinnerlichen. Die Verbindung der Themenwelt des Cowboys und dem Namen bzw. dem Bildzeichen der Marke reichte aus, um die gewünschten Assoziationen hervorzurufen. Durch die kontinuierliche Kommunikation mit dieser Thematik sind Elemente der Werbung zu formalen Markenkriterien geworden. Dies bedeutet, dass eine Veränderung der werblichen Inhalte problematisch sein könnte (Adjouri 2002, S. 55).

Der Cowboy als ewige Heldenfigur?

Nicht nur der Wilde Westen, sondern auch der Archetypus des Helden spielt eine zentrale Rolle für die Marke. Auch im kollektiven Unterbewusstsein der Gesellschaft nimmt der Helden-Archetypus eine solch wichtige Stellung ein, dass die damit verbundenen Werte wohl auf ewig Bedeutung haben werden. Nur so konnte es die Marke Marlboro schaffen, über Generationen hinweg mit der Werbefigur des Cowboys, basierend auf dem Helden-Archetypus solchen Erfolg zu haben.

Im Zuge dessen muss jedoch untersucht werden, ob der Cowboy auch auf ewig mit dem Urbild des Helden in Verbindung gebracht wird. Vor allem in jüngeren Generationen ist fraglich, ob inzwischen nicht schon andere Werbefiguren, Idole oder Medienerscheinungen den Platz des Helden eingenommen haben könnten. Ohne Frage konnte der Cowboy-Mythos vor allem durch den Einfluss der Hollywood-Filme immer wieder neu belebt und aktualisiert werden. Doch kann man einen Helden in der heutigen Zeit immer noch durch einen Cowboy darstellen?

4.3.6 Die Abkehr vom Cowboy

Diese Frage musste sich auch Philip Morris im Jahr 2007 stellen. Bei einem Marktanteil, der auf 28 Prozent gesunken war im Vergleich zum Jahr 2001[14], machte sich das Unternehmen Gedanken, ob der Cowboy in der heutigen Zeit überhaupt noch zu den Konsumenten der Marke Marlboro passte. Kann der Cowboy noch immer in einer modernen Gesellschaft bestehen? Die Unternehmensführung beantwortete diese Frage letztendlich mit „Nein" und traf die Entscheidung, den Cowboy als Werbefigur abzuschaffen. Er wurde als „unmodern", „altmodisch" und „nicht zeitgenössisch" betrachtet. Die Marke hatte ein „verstaubtes" Image bekommen und verlor laut Angaben von Philip Morris die „emotionale Verbindung" zu den Konsumenten, in deren Gedächtnis der Cowboy wohl langsam zu verschwimmen schien. Philip Morris wagte einen unerwarteten Schritt. Der Cowboy wurde aus der Werbung verbannt. Hals über Kopf wurden zunächst diverse Versuche gestartet, die Marke zu verjüngen, um moderner zu werden. Ver-

---

[14] Eine Übersicht der Marktanteile der Marke Marlboro ab dem Jahr 1975 sowie eine Darstellung in Zusammenhang mit dem entwickelten Zeitstrahl ist in den Anlagen zu finden: Abbildung 23 (S. 76) und Abbildung 24 (S. 77).

packungsinnovationen (*Marlboro Wides*) mit neuem Verschlussmechanismus, der bei den Konsumenten jedoch nicht den erhofften Anklang fand, ein Relaunch des Verpackungsdesigns (*Marlboro Gold*), Event Tours und Line Extensions *(Marlboro Blend,* frei von Zusatzstoffen) wurden getestet. Eine neue Kampagne, die einen Mann auf einem Fahrrad zeigte, der in der Stadt durch stehende Autos fährt, unterlegt mit dem Slogan „Be unstoppable" wurde umgesetzt. Doch all diese Maßnahmen führten letztendlich zu purer Verwirrung des Konsumenten. Das klare Bild einer der einst stärksten Marken der Welt[15], die stets für ihre konsistente Markenführung gelobt wurde, begann zu verschwimmen. Der Marktanteil von Marlboro war bis zum Jahr 2011 um weitere 8 Prozent auf nur noch 20 Prozent gesunken. Die Marke wurde so weit gedehnt, dass Konsumenten sie nicht mehr verstehen und sich nicht mehr mit ihr identifizieren konnten. Im Jahr 2011 beschloss der Konzern schließlich, dass es so nicht weitergehen könne. Und doch wollte man nicht mehr zum Cowboy zurück. Erneut wurde die Agentur Leo Burnett ins Boot geholt und man begann, ein völlig neues Konzept zu entwickeln, was im Ergebnis zur folgenden Leitidee führte (Scheib 2012):

> *„Yes and sometimes no can move you forward. Maybe never can! Entscheide Dich."* (Scheib 2012)

„Egal, was wir tun, jede Entscheidung bringt uns ein Stück weiter. Entscheidungen gehen immer auf ein klares ‚Ja' oder ‚Nein' zurück. Ein ‚Vielleicht' jedoch kann bedeuten, dass wir die Chance unseres Lebens verpassen." (Schwenn 2012)

Aus dieser im Grunde aussagekräftigen Leitidee resultierte der Slogan „Don´t be a Maybe. Be Marlboro", welcher Grundlage der neuen Kampagne wurde, wie bereits in Kapitel 1.1 erwähnt wurde.

Die neue Kampagne stellt die Werte Freiheit und Abenteuer in den Mittelpunkt und will ihre Konsumenten dazu animieren, selbst aktiv zu werden und ihr Leben in die Hand zu nehmen. Spielte bislang der Traum um den Cowboy und dessen Mythos die zentrale Rolle in den Marketingaktivitäten, werden die Kunden nun direkt aufgefordert etwas zu tun. Sie sollen nicht

---

[15] Vgl. hierzu u.a. Horx; Wippermann (1995, S. 442), Buchholz; Wördemann (1999, S. 152)

nur von Abenteuer und Freiheit zu träumen, sondern die Chancen die sich bieten ergreifen, bevor es zu spät ist und sie ihr Zögern bereuen.

Im folgenden Kapitel soll diese Kampagne im Detail untersucht werden, um Erkenntnisse darüber zu erlangen, ob und inwiefern die Kampagne die Werte der Marke und die Werte des Cowboys bzw. des Helden-Archetypus verkörpert und welche Folgen die Abkehr vom Cowboy für die Marke Marlboro nach sich ziehen könnte.

4.4 Untersuchung der MAYBE-Kampagne

4.4.1 Kampagnen-Phasen

Im Dezember 2011 startete die „MAYBE"-Kampagne zunächst einige Wochen lang als zehntägiger Teaser ohne Produktabbildung. Es war nur ein Schriftzug zu sehen, der das Wort „MAYBE" mit durchgestrichenem „MAY" darstellte. Die Durchstreichung des Wortes „MAY" sollte deutlich machen, dass man mit einem „Vielleicht" nicht weiter kommt. Diese sogenannte Typo-Kampagne, bei der keinerlei Markenbezug erkennbar war, sollte vorrangig möglichst viel Aufmerksamkeit und Neugierde wecken. Die eigentliche Kommunikation der Marke fand mit den nachfolgenden Plakaten statt. Auch diese enthielten keine Bilder sondern nur Schrift. Mit „Don`t be a Maybe" sollten Konsumenten dazu aufgefordert werden, klare Entscheidungen zu treffen: „Up or down", „Sit or stand", „Left or right", denn „Maybe never wins" und „Maybe goes nowhere". So die Aussage der danach folgenden Plakate am Ende der Typo-Kampagne (Tabak Zeitung 2012). Abbildung 17 zeigt die beschriebenen Motive der ersten Phase der Kampagne.

Abbildung 17: MAYBE-Kampagne Dezember 2011

Quelle: http://taximann-juergen.blogspot.de/2011/12/werbung-im-stadtbild.html;
http://www.markentechnik-blog.de/maybe-will-never-be-a-cowboy/2236;
http://blog.nowmarketing.de/?p=1671

Im Jahr 2012 folgte die zweite Phase der Kampagne, die an die vorherige Typo-Kampagne anknüpfen sollte. Die Kommunikation fand nun zusätzlich durch Bildmotive statt. Diese zeigten u.a. einen Gitarristen, eine Mechanikerin in einer Werkstatt oder z.B. ein Paar, das sich angestrahlt von Scheinwerfern, vor einer Mauer küsst. Die Slogans zu den jeweiligen Motiven sind zunächst für deutsche Konsumenten verwirrend. „Maybe never wrote a song", „Maybe will never be her own Boss" oder „Maybe never fell in love" (vgl. Abbildung 18).

Abbildung 18: Verschiedene Motive der MAYBE-Kampagne 2012

Quelle: www.wuv.de/marketing/marlboro_setzt_maybe_kampagne_aus;
www.horizont.net/aktuell/marketing/
pages/protected/Marlboro-unter-Beschuss-Droht-den-Maybe-Plakaten-das-Aus%3F_108537.html;
http://broell.blogspot.de/2012/03/marlboro-maybe-eine-wette-mit-philip.html;

Laut Axel Schwenn (Marketing Director von Philip Morris) sollen diese Motive zeigen, dass alles möglich ist, wenn man Entscheidungen trifft, dass jeder Freiheit und Abenteuer erleben kann, wenn er nur den Mut dazu hat. Der Hobby-Gitarrist hat sein eigenes Lied geschrieben, die Mechanikerin hat ihre eigene Werkstatt gegründet, und das Paar konnte sich verlieben, weil es den Mut dazu hatte (Tabak Zeitung 2012). Es geht um junge Menschen in urbaner Umgebung, die sich klar entscheiden. Jemand, der nicht klar „Ja" oder „Nein" sondern „vielleicht" sagt, hätte diese Dinge niemals geschafft. Ein Maybe wird nie seinen Song schreiben, nie ihr eigener Boss sein und sich nie verlieben (Schwenn 2012).

So lauten zumindest die beabsichtigten Aussagen der Motive. In Deutschland jedoch legen die Aussagen auf den Plakaten zunächst folgende Übersetzung nahe: „Er hat wahrscheinlich nie ein Lied geschrieben", „Sie wird vielleicht nie ihr eigener Boss sein" oder „Sie haben sich wahrscheinlich nie verliebt".

Die Motive in der Schweiz sind hier etwas deutlicher. Die Slogans lauten „A Maybe has no fun" und erhalten den Zusatz „Don´t be a Maybe". Aufbauend auf der ersten Kampagne ist die Aussage daher verständlicher (vgl. Abbildung 19). Es wird deutlich, dass sich das „Maybe" auf eine Person bezieht: „ein Maybe hat keinen Spaß – sei deshalb kein Maybe".

Abbildung 19: MAYBE-Kampagnenmotiv in der Schweiz, September 2012

Quelle: http://cuirhommeblog.wordpress.com/2012/09/14/maybe-no-brain/

Was alle Motive gemein haben ist der Verweis unter dem jeweiligen Slogan: „BE" gefolgt von einem roten Pfeil „>" der auf eine Marlboro-Schachtel gerichtet ist. „Sei kein Vielleicht sondern sei Marlboro". Dadurch soll die Identifikation mit der Marke Marlboro erreicht werden. Missverständlich kann dies jedoch ebenso zu folgender Interpretation führen: „Sei eine Zigarette" oder gar „eine Zigarettenschachtel". Wenn der Verbraucher also keine Marlboro ist, erreicht er nichts. Doch können sich einst treue Markenverwender, die sich bisher mit dem Cowboy identifiziert hatten nun mit einer Zigarette identifizieren? Oder mit einem „Maybe"?

Ein Kinospot, der parallel zur Printkampagne gezeigt wird, verdeutlicht die eigentliche Aussage der Kampagne schon besser: „To hell With maybe. Go chase Down your dreams!". Der Wortlaut der deutschen Fassung des 90-Sekünders lautet: „Dich weiterbringen, neue Welten eröffnen, Dich neu erfinden. Das Denken neu erfinden. Jeden Tag haben wir 1000 Gedanken. Jeder davon könnte eine große Idee sein. Du wirst es nie herausfinden wenn Du sagst vielleicht..." Dieser Spot lebt von der Musik und wirkt dadurch sehr emotional. Laut Scheib kommt dieser Spot sehr nah an das Image des Cowboys heran und vermittelt ähnliche Emotionen, die der Betrachter auch bei den alten Kinospots im Marlboro Country hatte (Scheib 2012). Wäre am Ende des neuen Spots jedoch nicht der Markenname eingeblendet, fiele es schwer zu unterscheiden, ob es sich um einen Spot für Vodafone, Coca-Cola oder eine Automarke handelte.

Mit diversen Promotion-Aktionen wurde die Kampagne weiter unterstützt. In ausgewählten Städten Deutschlands führte Marlboro sogenannte *Challenges* durch. Z.B. bekamen Besucher eines Clubs oder einer Bar die Aufgabe, sofort via Tablet-Computer alle digitalen Freunde ihres Facebook-Accounts zu löschen. Sie mussten sich sofort dafür oder dagegen entscheiden, ohne zu wissen, was sie dafür bekommen. Entschieden sie sich dafür, bekamen sie als Belohnung 2 Flugtickets geschenkt, um damit zwei ihrer realen Freunde im Ausland zu besuchen. Eine weitere Frage dieser Challenges war: „Bist Du bereit für drei Wochen auf einem Containerschiff irgendwo hin zu reisen? Dann geh jetzt packen. Du bekommst eine SMS ob Du dabei bist oder nicht." Wer dabei war, fuhr am nächsten Morgen auf einem Containerschiff mit anderen ausgelosten Teilnehmern nach New York. Dort erwarteten sie ein mehrtägiger Aufenthalt im Hotel und ein Rückflug nach Deutschland. Bei all diesen Challenges geht es um die Herausforderung, möglichst schnell eine spontane Entscheidung zu treffen, die über die eigene Zukunft bestimmen kann.

Auf dem folgenden Zeitstrahl in Abbildung 20 sind die Produkt- und Kampagnen-Variationen der Marke Marlboro in den Jahren 2007 bis 2012 in zeitlicher Reihenfolge zur besseren Übersicht dargestellt.

Analyse

Abbildung 20: Zeitstrahl der Marke Marlboro (2007 - 2012)

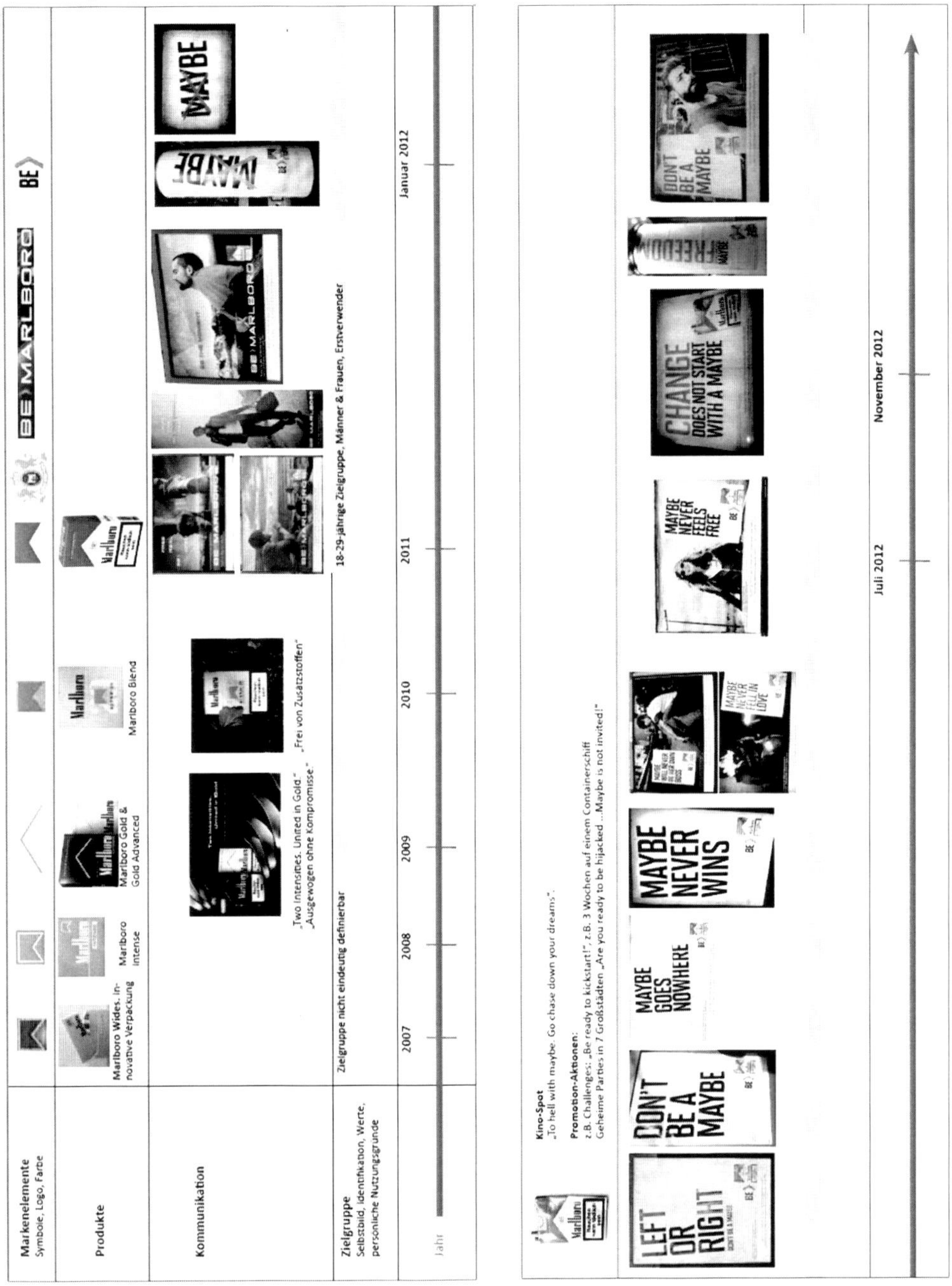

Bildquellen:

http://www.neuroanker.de/blog-post/fehlt-ihnen-der-marlboro-mann
http://taximann-juergen.blogspot.de/2011/12/werbung-im-stadtbild.html
http://broell.blogspot.de/2012/03/marlboro-maybe-eine-wette-mit-philip.html
http://www.wuv.de/marketing/marlboro_setzt_maybe_kampagne_aus
http://broell.blogspot.de/2012/03/marlboro-maybe-eine-wette-mit-philip.html
http://www.markentechnik-blog.de/maybe-will-never-be-a-cowboy/2236
http://blog.nowmarketing.de/?p=1671
http://dribbble.com/shots/718784-Marlboro-pack
http://www.dizajnzona.com/forums/lofiversion/index.php?t37335.html
http://oliverdsw.wordpress.com/category/kritiken-produkte/
http://www.dermarkusseidel.de/deutschland_marlboro_main.htm
http://www.horizont.net/aktuell/marketing/pages/protected/Marlboro-erweitert-Marken-Portfolio_87608.html
http://www.smokersnews.de/x/?id=8950&cid=500&downto=2079

Die MAYBE-Kampagne polarisierte und weckte starke Aufmerksamkeit. Auch der Begriff der „Generation Maybe" wurde vielfach aufgegriffen und sogar zu einem neuen Zeitgeist deklariert. Journalisten und Blogger diskutierten darüber, ob die heutige Generation wirklich eine Generation ohne Plan, ohne Eigenschaften und ohne klare Positionen sei. Vor allem Oliver Jeges (Autor des Nachrichtenportals DIE WELT) prägte den Begriff der „Generation Maybe" in einem Artikel, der im März erschien (Jeges 2012) und entfachte damit eine rege Diskussion um die Thematik.

4.4.2 Die „Generation Maybe"

Jeges beschreibt diese Generation als abwartend und unentschlossen. Entscheidungen zu treffen fällt den Menschen schwer in einer Welt von zu vielen Möglichkeiten. Unentschlossenheit, Angst vor Veränderung und Verunsicherung beherrschen den Alltag. Die Fülle von Optionen überfordert die „Maybes". Hochgebildete Akademiker, die keine Vorbilder haben, die nicht wissen, wofür sie kämpfen sollen oder wie sie die Welt verändern sollen (Jeges 2012).

Kritiker dieser Auffassung hingegen postulieren, dass es nicht einfach ist, in einer Gesellschaft zu leben, in der z.B. die Politik oft nicht hält was sie verspricht, in der Forderungen und Ziele unklar sind und in der junge Wähler sich nicht mehr mit nur einer Partei identifizieren können. Durch die Finanzkrise, den Klimawandel und Terroranschläge werden politische Einflüsse auf eine globale Generation bewusst gemacht und auch der Wohlstand wird bewusst wahrgenommen. Freiheiten können ausgelebt werden in Form von Auslandssemestern, Rucksacktouren und freier Meinungsäußerung. Entscheidungen werden sorgfältig durchdacht und nicht übereilt getroffen. In einer komplexen Welt lässt sich nicht mehr so leicht über Gut und Böse urteilen, die ständige Veränderung zwingt dazu, sich mehrere Optionen offen zu lassen. Die junge Generation engagiert sich dort, wo sie selbst Einschränkungen wahrnimmt. Online-Petitionen gegen neue Gesetze zur Vorratsdatenspeicherung oder gegen das Urheberrechtsabkommen Acta. Mut, Verantwortung und ein gutes Reflexionsvermögen sind Eigenschaften, die nötig sind, um die richtigen Entscheidungen in der heutigen Zeit zu treffen. Ein gesundes Maß an Skepsis und Unsicherheit gehört da-

Analyse

zu. Deshalb möchte das Individuum nicht gleich als eigenschaftslos oder gar als „Schluffi" bezeichnet werden (Kartte 2012; Mülherr 2012).

Philip Morris verbuchte das rege öffentliche Interesse als Erfolg für die Kampagne. Nach 40 Tagen intensiver Werbung konnte ein Recall[16] von 38 Prozent in der Zielgruppe verzeichnet werden (Scheib 2012). Darüberhinaus wurde viel über die Kampagne diskutiert, was für Marlboro kostenlose Presse-Arbeit bedeutete. Aus Sicht des Unternehmens war dies somit zunächst ein Erfolg für die Kampagne. Es stellt sich jedoch die Frage, ob diese Resonanz gleichermaßen ein Erfolg für die Marke Marlboro bedeutet und ob diese Kampagne immer noch die Werte der Marke verkörpert. Dies soll im Folgenden näher untersucht werden.

4.4.3 MAYBE und die Werte der Marke Marlboro

Abgesehen davon, dass die Formulierung der Kampagnenaussage „Don´t be a Maybe" vor allem das Wort „vielleicht" kommuniziert und Verneinungen von der Psyche des Verbrauchers gerne übersehen werden (Imdahl 2012), stellt sich die Frage, ob sich der Verbraucher gerne als ein „Maybe" abstempeln lassen möchte, nur weil er sich mehrere Optionen offen hält.

Vielleicht wird die jüngere Zielgruppe der 18- bis 29-jährigen, die wohl zur Kernzielgruppe der Kampagne zählt, noch eher angesprochen als die ältere Zielgruppe. Menschen im Alter ab 30 haben oft schon viel im Leben erreicht und mussten somit schon unzählige Entscheidungen treffen. Sie befinden sich bereits im Berufsalltag und haben sich ihre Stellung oft hart erarbeitet. Solche Konsumenten möchten sich wohl kaum als „Maybe" bezeichnen lassen und dazu aufgefordert werden, klare Positionen zu beziehen. Das haben sie nämlich schon oft getan. Ohne Entscheidungen wären sie nicht da, wo sie jetzt sind. In einer Beziehung, einer Familie, im eigenen Haus, im gut bezahlten Job oder in einer Führungsposition. Nur mit Disziplin, Ausdauer, harter Arbeit aber auch der nötigen Gelassenheit und Ruhe konnten sie all das erreichen. Der Cowboy hätte das verstanden.

---

[16] Aussage darüber, inwieweit sich eine Testperson an bereits gesehene, gelesene oder gehörte Werbebotschaften erinnert.

Dies legt nahe, dass Marlboro mit der MAYBE-Kampagne hauptsächlich die junge Generation ansprechen möchte. Gerade dieser Aspekt führte im Juli 2012 zu einer weiteren öffentlichen Diskussion um den Tabakkonzern Philip Morris. Es wurde ihm von Politik und Anti-Raucher-Initiativen vorgeworfen, mit der Kampagne und der Abbildung junger Menschen und dem Spruch „Maybe never feels free" an den Freiheitsdrang jugendlicher Heranwachsender zu appellieren und damit gegen die Richtlinien des vorläufigen Tabakgesetzes zu verstoßen. Der Hinweis „Be Marlboro" wirke zusätzlich wie eine Einladung zum Rauchen. Da in diesem Zusammenhang eindeutig eine jugendliche Zielgruppe angesprochen werde, sei die Werbung als rechtswidrig anzusehen. Philip Morris setzte die Kampagne daraufhin für drei Monate aus und nahm die Werbung erst im November mit neuen Motiven wieder auf (Wieking 2012; Esch 2012).

Diese Art von Aufmerksamkeit in der Presse kann wohl kaum förderlich für das Image der Marke Marlboro sein. Selbst wenn junge Konsumenten sich durch die Kampagne angesprochen fühlen, bleibt jedoch fraglich, ob es sich für das Unternehmen lohnt, um jeden Preis Neukunden gewinnen zu wollen. Dies könnte dazu führen, dass die Marke treue Stammverwender, die sich jetzt nicht mehr mit Marlboro identifizieren können, verlieren wird.

Wie bereits in Kapitel 2.1 erläutert, kann nur eine Marke, die über eine klare Markenidentität in den Köpfen der Konsumenten verfügt, es schaffen, eine dauerhafte Kundenbindung und dadurch Markentreue aufzubauen (Esch 2008, S. 23). Durch Befolgen dieser einfachen Grundregel der Markenführung konnte es Marlboro all die Jahre schaffen, die Nummer eins im Zigarettenmarkt zu bleiben. Mit der Figur des Cowboys hat die Marke immer wieder auf vorhandenes Markenwissen und die dazu gespeicherten Gefühle, Bilder und Wertvorstellungen in den Köpfen der Konsumenten aufgebaut und die Markentreue somit verstärkt. Im Fall der Maybe-Kampagne wagte Marlboro einen gefährlichen Schritt, indem der Markenauftritt radikal verändert wurde und somit große Teile des Markenschematas gelöscht wurden. Bei Stammkunden könnte dies zu einer Schwächung des emotionalen Werts der Marke führen (Sommer 1998, S. 71).

Laut Axel Schwenn (Director Marketing Philip Morris) verkörpert die MAYBE-Kampagne noch immer die Marken-Kernwerte Abenteuer und Freiheit, welche lediglich neu interpretiert werden. Denn ein Cowboy würde klare Entscheidungen treffen und niemals „vielleicht" sagen. Die Bildmotive sollen zeigen, dass alles möglich ist, wenn man Entscheidungen trifft. Freiheit und Abenteuer können erlebt werden, wenn man den Mut dazu hat (Tabak Zeitung 2012).

Marlboro kann jedoch nicht auf diese beiden Werte beschränkt werden, wie in der Untersuchung in Kapitel 4.3.4 deutlich gemacht wurde. Die Werte, welche die Marke durch den Cowboy-Mythos verkörperte, waren sehr viel umfangreicher und tiefgründiger. Abbildung 21 stellt die Werte gegenüber, die die Marke durch den Cowboy auf der einen Seite und durch die MAYBE-Kampagne auf der anderen Seite verkörpert.

Abbildung 21: Werte des Cowboys vs. Werte der MAYBE-Kampagne

Quelle: Eigene Darstellung

Der Cowboy verkörpert einerseits Abenteuer, Selbstverwirklichung, Freiheit, Wildheit Unabhängigkeit und Stärke, er gibt Orientierung in einer Welt voller Unsicherheiten, Andererseits ist er aber auch sattelfest, vermittelt Sicherheit, Stabilität und Vertrauen, steht für Ordnung, Kontrolle, Disziplin und Pflichterfüllung, für den konservativen Alltag und harte Arbeit. Er drückt

Abwechslung, aber auch gleichzeitig Monotonie aus, Individualität und Tradition. Der Cowboy steht für Werte wie Naturverbundenheit, Teamgeist, Männerfreundschaft und Verlässlichkeit. Vor allem aber steht er für Kontinuität. Er ist auch reif, männlich, hart, bodenständig, cool und jeder Situation gewachsen, im Kontrast dazu aber auch konservativ, pragmatisch, angepasst und eben doch nicht so sehr individualistisch.

Betrachtet man nun die Werte der MAYBE-Kampagne, fällt auf, dass sich einige Werte decken: Freiheit, Selbstverwirklichung, Abenteuer, Individualität, Unabhängigkeit, Abwechslung und Wildheit. Für all das steht auch der Cowboy. Diese Werte werden ergänzt um Entfaltung, Entschlossenheit, Veränderung, Fortschritt und Mut. Durch die Prominenz des Wortes „Maybe" werden aber gleichzeitig auch völlig gegensätzliche Werte wie Unentschlossenheit, Zweifel, Angst, Verunsicherung und Orientierungslosigkeit kommuniziert. Statt reif und diszipliniert wirken die Motive eher jugendlich und unerfahren.

Im Briefing an die Agentur wurden hauptsächlich die beiden Werte Freiheit und Abenteuer kommuniziert (Scheib 2012). Auf der Grundlage von Marktforschungsdaten zum aktuellen Zeitgeist der Gesellschaft wurde laut Thorsten Scheib (Director Marlboro, Philip Morris) die zentrale Erkenntnis erlangt, dass die Unentschlossenheit von Konsumenten heutzutage zur Norm wird. In den 80er und 90er Jahren wussten Verbraucher offenbar ganz genau was sie wollten: z.B. zwei Wochen lang leben wie der Marlboro-Mann, die Freiheit und das Abenteuer spüren. Gewinnspiele von Marlboro hatten großen Erfolg. Heute wissen viele Menschen dagegen nicht richtig was sie möchten. Deshalb sollten sie nun aufgefordert werden, ihre „Komfortzone" zu verlassen und das Abenteuer zu nutzen. Im Briefing an die Agentur äußerte sich dieses Vorhaben in folgendem Konzept: „GO! ...and take the lead in your life. Marlboro inspiriert dich, nicht stehen zu bleiben im Leben." Der Kernwert Freiheit wurde übersetzt in „The sense that anything is possible" – „alles ist möglich", Abenteuer wurde übersetzt in „Go out of your comfort zone" – „Raus aus der Komfortzone, rein ins Abenteuer". Die beiden vorgegebenen Werte wurden somit integriert. Das Ergebnis war die oben bereits erwähnte Leitidee „Yes and sometimes no can move you forward. Maybe never can! Entscheide Dich" (Scheib 2012).

Prinzipiell kein schlechter Ansatz. Es hätte bspw. eine neue Marke unter dem Dach von Marlboro mit diesem Konzept eingeführt werden können, die hauptsächlich die Zielgruppe der 18 bis 29-Jährigen ansprechen sollte. Mit der Hauptmarke Marlboro hat dieses Konzept jedoch nur noch wenig zu tun. Einige grundlegenden Werte, die durch den Cowboy vermittelt wurden, werden in der MAYBE-Kampagne einfach nicht beachtet. Mit dem Mythos wurden der Marke somit auch essenzielle Werte genommen, die der Konsument nun vergeblich in den Bildmotiven der entscheidungsfreudigen Großstädter sucht. Der wichtige Grundsatz für Kontinuität in der Markenführung *„alles Neue muss das Bestehende verstärken"* wurde hier schlichtweg ignoriert (Günther 2011)

Die Abkehr vom Mythos und von den Werten des Cowboys könnte für die Marke Marlboro schwerwiegende Folgen haben. Es bleibt abzuwarten, wie die Kommunikation in den nächsten Jahren aussehen wird und ob bzw. wie lange das MAYBE-Konzept funktionieren kann. Mit der Veränderung des Zeitgeistes könnte schon in den kommenden Jahren die „Generation Maybe" überholt sein und sich völlig andere gesellschaftliche Strömungen bilden. Die Kampagne müsste dann wieder angepasst oder erneuert werden. Der Mythos des Cowboys hingegen hat über Jahrzehnte hinweg, allen gesellschaftlichen Strömungen zum Trotz, seine archetypische Bedeutung im kollektiven Unterbewusstsein der Menschheit behalten und war stets auf die eine oder andere Weise relevant. Sowohl für Raucher als auch für Nichtraucher. Der Cowboy war eine Konstante im Leben, die kontinuierlich für ein Gefühl der Sicherheit und Beständigkeit sorgte.

4.5 Der Cowboy heute

Doch was wäre die Alternative zur MAYBE-Kampagne gewesen? Es stellt sich die Frage, wie der Cowboy in der heutigen Zeit hätte weitergeführt werden können. Laut Philip Morris war der Cowboy „unmodern", „verstaubt" und „altmodisch" geworden und würde nicht mehr zum Zeitgeist passen. Dadurch sei die emotionale Verbindung zum Konsumenten verloren gegangen, was wiederum negative Auswirkungen auf den Marktanteil gehabt habe (Scheib 2012). Einen direkten Zusammenhang zwischen dem Image des Cowboys und dem sinkenden Marktanteil lässt sich so direkt jedoch nicht nachweisen. Es hätten ebenso äußere Einflüsse die Ursache für den

Rückgang sein können. Die Eurokrise etwa und die damit verbundene schwierige wirtschaftliche Lage der südeuropäischen Länder, die höheren Steuern und der dadurch stärker werdende Schwarzmarkt könnten Gründe für einen sinkenden Zigarettenkonsum sein (Fuchs 2012; finanzen.net 2012).

Marlboro hatte die Kommunikation der Marke einzig und allein auf die Bildwelt des Cowboys aufgebaut, was die Möglichkeiten der Variation beschränkt. Die Marken Nivea oder Coca-Cola bspw. haben hier wesentlich mehr Spielraum. Die Bildwelt für die Kernwerte Pflege und Reinheit (Nivea) oder Erfrischung und Freude (Coca-Cola) konnten über die Jahre hinweg beliebig modernisiert und verschiedenen Trends angepasst werden. Die Bildwelt des Cowboys und des Wilden Westens kann hier deutlich eingeschränkter variiert werden. Hätte Marlboro die Kernwerte Abenteuer und Freiheit von Anfang an mit anpassbaren Bildwelten kommuniziert, wäre vielleicht die MAYBE-Kampagne nicht solch ein harter Schnitt in der Kommunikation gewesen. Jedoch hätte die Marke ohne den Cowboy vermutlich nicht einen derartigen Erfolg gehabt, was nach der Analyse in Kapitel 4.3 angenommen werden kann.

Hätte sich Marlboro dafür entschieden, den Cowboy weiterhin als zentrale Figur in der Kommunikation einzusetzen, wären Überlegungen anzustellen gewesen, ob und wie der Cowboy in der heutigen Zeit in modernisierter Form hätte aussehen können, um weiterhin relevant für die Zielgruppe zu sein. Dies soll im Folgenden untersucht werden.

Der Cowboy verkörpert ein Ideal von Männlichkeit, das vielleicht dem heutigen Zeitgeist nicht mehr entspricht. Stark, chauvinistisch, amerikanisch, wortkarg, einsam (Führer 2005, S. 149 ff.). Die Eigenschaften des idealen Mannes haben sich über die Jahre verändert. Ist es noch immer der Cowboy, der diese Männlichkeit in Form verschiedener archetypischer Figuren verkörpern kann?

Bei Betrachtung des Cowboys spielen die durch ihn verkörperten Archetypen eine zentrale Rolle. Von Konsumenten unterbewusst als Ikone wahrgenommen, haben die Werte dieser Traumfigur noch immer sehr viel mit der heutigen Kultur zu tun (Horx, 1995 zit. nach Führer 2005, S. 149 ff.). Wie die Erkenntnisse aus Kapitel 4.3.4 belegen, verkörpert der Cowboy zum einen den Archetypus des Helden. Dieser besitzt die Fähigkeit, die Welt zu verbessern, sich mit Kraft, Mut und Stärke für das einzusetzen, was in seinen Augen zählt, ohne Schwäche, unverletzbar und durchsetzungsstark. Zusätzlich verkörpert er den Archetypus des Naturburschen. Unabhängig, frei und naturverbunden pflegt er sein Land und seine Herde. Er ist unnahbar, wildromantisch, rau und unverstellt. Auch der Archetypus des alten Weisen konnte dem Cowboy zugeschrieben werden. Entspannt und ausgeglichen, lässig und abgeklärt strahlt er eine innere Ruhe aus. Vom Leben in der rauen Natur gezeichnet wirkt er weise, zufrieden und lässig.

Ein Mann, der all diese Eigenschaften vereinen kann, stellt – so die Vermutung – wahrscheinlich ein Idealbild in den Augen vieler Frauen dar. Für manche mag er wahrscheinlich zu „machohaft" und unsensibel erscheinen und würde in das Bild der traditionellen glücklichen Familie nicht so recht hineinpassen. Von Männern in der heutigen Zeit wird nämlich auch erwartet, dass sie einfühlsam und verständnisvoll sind. Dennoch sollen sie sich durchsetzen können, für ihre Sache und vor allem für die Familie einstehen können. Das Hegen und Pflegen der Familie rückt ebenfalls in den Vordergrund. Ein Mann sollte in der Lage sein, die Familie zu versorgen und sie zu ernähren und darüber hinaus die Natur bezwingen können. Gleichzeitig sollte er der „Fels in der Brandung" im harten Alltag sein, der in jeder Lebenslage ausgeglichen und entspannt bleibt, die nötige Gelassenheit ausstrahlt und trotzdem alles im Griff hat.

Es ist schwer, in der heutigen Zeit Figuren zu finden, die all diese archetypischen Eigenschaften vereinen können. Betrachtet man Personen aus Film und Fernsehen, aus der Musikbranche, aus der Politik oder aus dem Bereich Sport, fällt es schwer, dort Figuren zu finden, die all diese Werte vereinen können.

Im Vergleich zum Cowboy sind all diese Figuren vermutlich zu nahbar, zu real. Was den Cowboy vor allem ausmacht, ist der Mythos, der ihn umgibt. Das Ungreifbare, die Phantasievorstellung und die Bildwelt des Wilden Westens. Es ist schwer, hierfür einen geeigneten Nachfolger aus der heutigen Zeit zu finden. Würde der Cowboy zu sehr vermenschlicht werden, z.B. durch Darstellung im Familien- oder Freundeskreis, würde er dadurch seinen Mythos verlieren. *„Er lebt, weil er die finale Einsamkeit des Menschen auf diesem Planeten ausdrückt."* (Horx; Wippermann 1995, S. 455)

Marlboro hätte jedoch das Bild des Cowboys beibehalten können. Unabhängig von den Medien hätte die Marke so die Chance gehabt, den Mythos weiterleben zu lassen und ihn dadurch noch stärker an die Marke zu binden. Der Cowboy-Mythos hätte so in neuer Form wiederbelebt werden können. Die die Werte, die er verkörpert, werden noch immer verlangt und haben weiterhin Bedeutung.

Marlboro hat es bis zum Jahr 2007 immer wieder geschafft, durch behutsame Veränderungen am Markenbild stets dem Zeitgeist zu entsprechen. Der Wechsel vom Macho zu einer Wahrnehmung der Natur ist ein Beispiel dafür. Statt des Cowboys wurde hauptsächlich die Landschaft des Marlboro Country auf Plakaten und in Kinospots kommuniziert (Möntmann 2002).

Vorschläge dazu, wie der Cowboy-Mythos in modernisierter Form in die neue Zeit übertragen werden könnte, werden nachfolgend vorgestellt.

4.5.1 Back to Marlboro Country

Die Bildwelt von Marlboro bietet ein großes Spektrum an symbolischen Bildern und Emotionen. Ein wichtiges Element ist z.B. die einzigartige Landschaft. Marlboro hat nicht nur den Cowboy als Ikone in den Köpfen der Konsumenten manifestiert, sondern auch die Bilder und die damit verbundenen Emotionen des Marlboro Country: atemberaubende Landschaften, wilde unberührte Natur, endlose Weiten, rau und faszinierend. Diese Bildwelt könnte zentraler Kern einer neuen, dem Zeitgeist entsprechenden Kampagne werden.

Unter dem Motto „Back to Marlboro Country" bietet Marlboro Erlebnisreisen an. Vor allem für Stadtmenschen stellen solche Abenteuertrips heutzutage eine beliebte Alternative zum *normalen Urlaub* dar. Anbieter wie *mydays* oder *Jochen Schweizer* sind sehr erfolgreich mit dem Konzept der exklusiven Erlebnisse und des Outdoor-Abenteuers.

Marlboro könnte in diesem Zusammenhang die Sparte *Marlboro Reisen,* die im Jahr 2001 aufgegeben wurde, wieder aufgreifen und sich damit auf besondere Reisen mit Abenteuercharakter spezialisieren. Unberührte Natur erleben, mit dem Rucksack durch die Wildnis oder das Marlboro Country erkunden, zwei Wochen lang leben wie ein Cowboy, Vieh treiben, Angeln, Kajak fahren, Kühe branden oder Rodeo-Reiten. Unterstützt durch exklusive Kataloge, wie es sie auch damals schon gab, Gewinnspiele und Promotion-Aktionen, könnte dieses erweiterte Angebot positiv auf das Markenimage einzahlen.

Eine Gefahr bestünde jedoch darin, dass vor allem Nichtraucher die Verknüpfung von Natur und einem Tabakprodukt aus ethischen Gründen ablehnen könnten. Dadurch könnte es für die Marke eventuell schwer werden, sich zusätzlich als Reiseanbieter zu positionieren.

4.5.2 Be a real man

Die Männlichkeit, die der Cowboy verkörpert, könnte neu interpretiert werden. Es wird hierbei vorrangig die Zielgruppe der Männer angesprochen. Wie können sich die wahren Männer in der heutigen Zeit beweisen?

Sie können sich miteinander in Wettbewerben messen. Unter dem Motto „Be a real man" oder „Echte Männer brauchen eine echte Herausforderung" oder „Stehe Deinen Mann" können Männer in verschiedenen Kategorien gegeneinander antreten. In einem Spielkonzept, das der erfolgreichen Show „Schlag den Raab" ähnelt, müssen zwei Männer in verschiedenen Disziplinen gegeneinander Antreten und Aufgaben gleichzeitig lösen. Wissen, Sport oder Geschicklichkeit könnten einige der Disziplinen sein. Aufgaben wie Holzhacken, etwas bauen oder Rodeo-Reiten wären denkbar.

4.5.3 Be a real Cowgirl

Als Pendant zu oben genanntem Männer-Wettbewerb könnte es ein solches Konzept auch für Frauen geben. Viele Frauen in der heutigen Zeit betreiben Pferdesport oder besitzen selbst ein Pferd. Western-interessierte Reiterinnen haben unter dem Motto „Be a real Cowgirl" die Möglichkeit, ihre „Cowgirl"-Fähigkeiten z.B. beim Lassowerfen oder in verschiedenen Disziplinen des Western-Reitstils unter Beweis zu stellen.

Analyse

Bildquelle: www.realgap.co.uk/sites/default/files/imagecache/trip_pics_lightbox/trip/pics/gallery-ozjs.jpg

4.5.4 Submarke „BE" für die jüngere Zielgruppe

Anstatt die komplette Marke zu verjüngen, hätte Marlboro z.B. eine Submarke lancieren können, die unter dem Namen „BE" eingeführt wird. Die MAYBE-Kampagne mit ihrem Ursprungskonzept wäre mit einem optimierten Slogan für diesen Zweck die optimale Kommunikation.

4.5.5 The real flavor

Ein weiteres Produkt, eine organisch hergestellte Zigarette mit rein natürlichen Inhaltsstoffen wäre denkbar. Die Bildwelt des Marlboro Country kann hier aufgegriffen werden, um das Natürliche, das Unberührte zu kommunizieren. Unter dem Motto „Come to where the real flavor is" könnte das Produkt ohne Zusatzstoffe angeboten werden. Auch hier besteht jedoch wieder die Gefahr der Unglaubwürdigkeit bei der Darstellung eines Tabakproduktes im Zusammenhang mit reiner Natur.

4.5.6 Sortiments-Straffung

Eine gegensätzliche Strategie, weg von weiteren Submarken wäre eine Reduzierung des Sortiments. In Anbetracht des umfangreichen Produktsortiments von Marlboro sollte eine Konzentration ausschließlich auf die verkaufsstärksten Submarken stattfinden. Auch Nivea setzt diese Strategie seit dem Jahr 2012 um. 16 Artikel der Marke wurden aus dem Sortiment genommen und die Positionierung auf „reine Hautpflege" soll dabei helfen, die Marke weiter zu stärken (Günther 2011).

5 Zukünftige Bedeutung des Mythos für Marken

In der vorliegenden Studie wurde untersucht, welchen Einfluss Mythen in der Markenwelt haben und ob diese ein geeignetes Instrument darstellen können, um einer Marke langfristig Relevanz zu verleihen. Des Weiteren wurde analysiert, ob ein mythischer Kern ein entscheidender Erfolgsfaktor für eine Marke sein kann.

Anhand der Marke Marlboro konnte die Rolle, die der Cowboy-Mythos für die Marke gespielt hat bestimmt werden. Die Analyseergebnisse lassen darauf schließen, dass der Mythos für Marlboro ein erfolgreiches Konzept dargestellt hat und entscheidend für den Markenerfolg war. Aus diesem Grund wird der Kampagnenwechsel im Jahr 2012 als Entscheidung mit hohem Risiko und ungewissem Ausgang angesehen.

Um die Allgemeingültigkeit der Hypothese, der Mythos stelle ein geeignetes Instrument in der Markenführung dar, zu prüfen und zu verifizieren, müssten weitere Marken mit Mythos-Charakter mit Hilfe des entwickelten Analysemodells untersucht werden. Aus den Ergebnissen dieser Untersuchung kann noch kein Kausalzusammenhang zwischen Mythos und Markenerfolg abgeleitet werden.

Im Beispiel Marlboro vereinte der Cowboy-Mythos die Themenwelt des Wilden Westens mit mehreren archetypischen Urbildern. So wurde der Mythos zu einem essentiellen Bestandteil der Markenführung. Mit der Einführung der MAYBE-Kampagne wurde der Marke der Mythos genommen und bestimmte Wertvorstellungen, die Konsumenten Jahrzehnte lang in Verbindung mit der Marke aufgebaut hatten, schlagartig gelöscht. Welche konkreten Auswirkungen das auf die Marke Marlboro in Zukunft haben wird, bleibt künftig dem Gebiet der Marktforschung vorbehalten. Mit Hilfe empirischer Untersuchungen können so Aussagen über Erfolgsgrößen wie z.B. Markenbekanntheit, Markenimage, Markensympathie, Zufriedenheit oder Markenloyalität getroffen werden.

Die Aussagen der vorliegenden Untersuchung zum Thema Markenmythos können lediglich auf das gewählte Beispiel bezogen werden und können nur bedingt Rückschlüsse auf weitere Marken mit Mythen-Charakter liefern. Es wurde anhand einer einzelnen Marke versucht, festzustellen, ob der

Mythos als Markeninstrument zum Erfolg einer Marke beitragen kann. Der Mythos des Cowboys nimmt hierbei die zentrale Rolle in der Analyse und der weiteren Untersuchung ein. Durch Handlungsempfehlungen wurde der Versuch unternommen, den Cowboy-Mythos der Marke zu retten bzw. wiederzubeleben. Eine weiterführende Beurteilung dieser Konzepte wird jedoch nicht vorgenommen. Auch Chancen, Risiken und Gefahren, die diese Ansätze bergen, werden nicht im Detail behandelt.

Das Analysemodell bedarf in gewissen Punkten einer tiefergehenden Betrachtung und Weiterentwicklung. So können Wertesystem und Wirkung auf den Konsumenten ohne empirisch erhobene quantitative Daten kaum realistisch abgebildet werden.

Der Mythos im Allgemeinen wird künftig auf dem Gebiet der Markenführung weiterhin eine wichtige Rolle spielen. Als ein Orientierung gebendes „verzauberndes" Konstrukt kann der Mythos den Menschen in einer Welt voller Angst, ständiger Veränderung und Reizüberflutung Sicherheit und Ordnung bieten (Glassen 2010, S. 133).

Viele Marken greifen den Mythos auf, um damit die im Unterbewusstsein der Konsumenten verankerten allgemeingültigen Bedeutungsstrukturen anzusprechen und ihnen dadurch einen Sinn anzubieten. Auch werden häufig Mythen in der Werbung eingesetzt und wiederbelebt, von denen bekannt ist, dass deren Schemata gut funktionieren. Jedoch ist beim bloßen Aufgreifen eines Mythos zu beachten, dass er nicht von außen produziert werden kann, da ihm immer eine tieferliegende gesellschaftliche Wahrheit zu Grunde liegt. Ein Mythos kann mit einem Produkt verbunden und entsprechend geformt werden. Die Pflege und Stärkung von innen heraus ist entscheidend, um ihn wachsen zu lassen (Horx; Wippermann 1995, S. 469; Führer 2005, S. 141).

Die Etablierung des Mythos als eigenständiges, wirksames Markeninstrument und vor allem die planbare Erschaffung neuer Mythen bedarf weiterer Forschung.

Der Mythos lebt. *„Zeit und Wissen können ihm weder etwas geben noch nehmen."* (Barthes 2010, S. 279) Für Marlboro jedoch ist der Mythos in Form des Cowboys offensichtlich endgültig gestorben. Es bleibt abzuwarten ob die MAYBE-Kampagne den gewünschten Erfolg bringt oder ob sie ganz nach ihrem eigenen Motto *„MAYBE goes nowhere", „MAYBE never wins"* nicht weit kommen wird und die Marke mit ihr niemals gewinnen kann.

Anlagen

Anlagen

Abbildung 22: Untersuchungsschritte im Überblick

1. Hat die Marke Mythos-Charakter?
a) Marke vermittelt über die funktionale Produktleistung hinausgehende Assoziationen.
b) Bedeutung der Marke ist wichtiger als eigentliche Funktion des Produkts.
c) Assoziationen/Bedeutungen sind ungreifbar.
d) Wertvorstellung, gewünschtes Selbstbild oder bestimmte Denkmuster werden vermittelt.

→ **Marke kann als Untersuchungsgegenstand benutzt werden.**

2. Welcher Mythos steckt in der Marke?
Betrachtung der Objekt- und Metasprache im Analysemodell

→ **Feststellung des Mythos, der der Marke zu Grunde liegt.**

3. Markengeschichte und äußere Einflüsse

Zeitstrahl, der entscheidende Ereignisse in Zusammenhang mit dem Mythos abbildet:

Markenentstehung, -entwicklung, Produkte, Kommunikation, Zielgruppe,
Soziale Aspekte und Strömungen in der Gesellschaft, Medien, Politik und Wirtschaft

→ **Übersicht aller relevanten Einflüsse im Lebenszyklus der Marke.**

4. Untersuchung des Wertesystems
a) Moderne Kulturwerte
b) Archetypische Werte

→ **Zeitgeist der Gesellschaft kann abgebildet werden.**

5. Interpretation und Wirkung auf Verbraucher
a) Aufzeigen von Zusammenhängen zwischen Ereignissen auf Zeitstrahl und Erkenntnissen aus dem Wertesystem
b) Ableitung der Wirkung auf den Verbraucher, beeinflusst durch mythisches Regelsystem und Wertesystem

→ **Erkenntnisse über die Rolle des Mythos für die Marke.**

Anlagen

Abbildung 23: Marktanteil der Marke Marlboro (ab 1975)

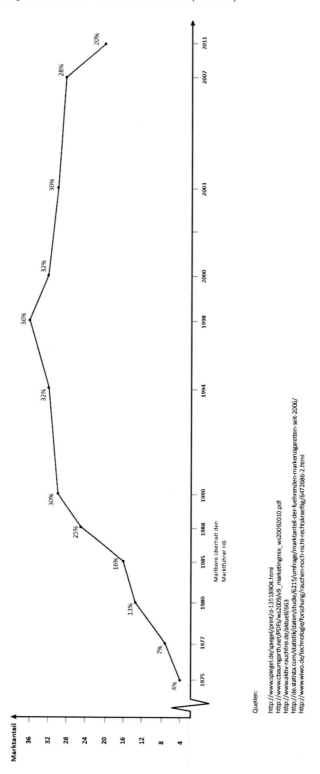

Quellen:
http://www.spiegel.de/spiegel/print/d-13518904.html
http://www.cbaumgarth.net/PDFs/ws2009/v9_marketingmix_ws20092010.pdf
http://www.aktiv-rauchfrei.de/aktuell/663
http://de.statista.com/statistik/daten/studie/6215/umfrage/marktanteil-der-fuehrenden-markenzigaretten-seit-2006/
http://www.wiwo.de/technologie/forschung/rauchen-noch-nicht-rechtskraeftig/6472686-2.html

Anlagen

Abbildung 24: Zeitstrahl der Marke Marlboro mit Abbildung der Marktanteile (ab 1975)

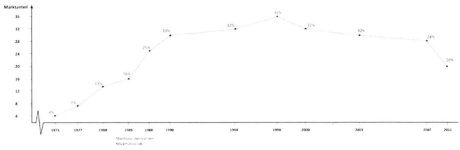

Literaturverzeichnis

Aaker, David A; Mader, Friedrich (1992): Management des Markenwerts. Frankfurt/Main [etc.]: Campus.

Adjouri, Nicholas (2002): Die Marke als Botschafter. Markenidentität bestimmen und entwickeln. Wiesbaden: Gabler.

Adjouri, Nicholas (1993): Die Marke ist die Botschaft. Die kommunikative Funktion der Marke und ihre Interdependenzen zur Werbung. Berlin: Vier-Türme-Verlag.

Barthes, Roland (1983): Elemente der Semiologie. Frankfurt am Main: Suhrkamp.

Barthes, Roland (2010): Mythen des Alltags. 1. Auflage. Berlin: Suhrkamp.

Basenko, Evgeniya (2009): Marlboro: from Mommies to Cowboys. The history of Marlboro brand. Online im Internet: http://de.slideshare.net/EvgeniyaBasenko/marlboro-2-presentation (Zugriff am: 01.11.2012).

Bismarck, Wolf-Bertram von; Baumann, Stefan (1995): Markenmythos. Verkörperung eines attraktiven Wertesystems. Frankfurt am Main; New York: Peter Lang GmbH.

Boldt, Sindia (2010): Markenführung der Zukunft. Hamburg: Diplomica Verlag.

Brockhaus Mythologie (2010): Der Brockhaus Mythologie. Die Welt der Götter, Helden und Mythen. Mannheim: Brockhaus.

Bruhn, Manfred (2004): Handbuch Markenführung. Kompendium zum erfolgreichen Markenmanagement. Strategien - Instrumente - Erfahrungen. 2. Aufl. Wiesbaden: Gabler.

Buchholz, Andreas; Wördemann, Wolfram (1999): Was Siegermarken anders machen. Wie jede Marke wachsen kann. Die Ergebnisse der ersten Untersuchung über die erfolgreichsten Markenkampagnen der Welt. 3. Aufl. München u.a: Econ Verlag.

Cinema (2011): Die besten Western-Filme aller Zeiten. Cinema.de. Online im Internet: http://www.cinema.de/kino/news-und-specials/news/western-filme-die-besten-western-filme-aller-zeiten,4635409,ApplicationArticle.html (Zugriff am: 20.11.2012).

DiFranza, Joseph R. et al. (1991): „RFR Nabisco´s cartoon camel promotes camel cigarettes to children." In: JAMA, 266 (22), S. 3149 – 3153. Online im Internet: http://www.ncbi.nlm.nih.gov/pubmed/1956102.

Dingler, Rolf (1997): „Marlboro: Der Prototyp für erfolgreiches Markenmanagement." In: FVW International, 22/97, S. 112. Online im Internet: www.dachmarke.de/marlboro.html (Zugriff am: 16.11.2012).

Domizlaff, Hans (2005): Die Gewinnung des öffentlichen Vertrauens. Ein Lehrbuch der Markentechnik. 7. Aufl. Hamburg: Marketing Journal.

Duden (1997): Duden Fremdwörterbuch. Mannheim [etc.]: Dudenverlag.

Eco, Umberto (1972): Einführung in die Semiotik. München: Fink.

Emmerich, Alexander (2009): Der Wilde Westen. Mythos und Geschichte. Stuttgart: Konrad Theiss Verlag GmbH.

Enis, Ben M.; La Grace, Raymond; Prell, Arthur E. (1977): „Extending the Product Life Cycle." In: Business Horizons, Juni 1977, Vol. 20 (1977), 3, S. 46 – 56.

Esch, Franz-Rudolf (2012): „Moralische Grenzen." In: W&V, Nr. 34/2012, S. 24.

Esch, Franz-Rudolf (2008): Strategie und Technik der Markenführung. 5. Aufl. München: Vahlen.

Esch, Franz-Rudolf; Langner, Tobias; Rempel, Jan Eric (2005): „Ansätze zur Erfassung und Entwicklung der Markenidentität." In: Esch, F.-R. 2005, Moderne Markenführung. Grundlagen, innovative Ansätze, praktische Umsetzungen. 4. Aufl. Wiesbaden: Gabler, S. 103 – 129.

Esch, Franz-Rudolf; Wicke, Andreas; Rempel, Jan Eric (2005): „Herausforderungen und Aufgaben des Markenmanagements." In: Esch, F.-R. 2005, Moderne Markenführung. Grundlagen, innovative Ansätze, praktische Umsetzungen. 4. Aufl. Wiesbaden: Gabler, S. 3 – 55.

Farin, Tim (2008): Werbe-Ikonen müssen nicht leben. Stern. Online im Internet: http://www.stern.de/wirtschaft/news/marlboro-mann-werbe-ikonen-muessen-nicht-leben-598243.html (Zugriff am: 04.03.2012).

Feige, Achim (2007): BrandFuture. Praktisches Markenwissen für die Marktführer von morgen. Zürich: Orell Füssli.

finanzen.net (2012): Europäer rauchen weniger: Marlboro-Hersteller Philip Morris mit Einbußen. finanzen.net. Online im Internet: http://www.finanzen.net/nachricht/aktien/Europaeer-rauchen-weniger-Marlboro-Hersteller-Philip-Morris-mit-Einbussen-2100833 (Zugriff am: 24.11.2012).

Forster, Thomas (2002): „Millionengrab Markentempel?" In: W&V, 46/2002, S. 28 – 31.

Fuchs, Alexander (2012): Philip Morris International: Eurokrise belastet. Stuttgarter Aktienbrief. Online im Internet: http://www.boerse-aktuell.de/tickerframe.html (Zugriff am: 24.11.2012).

Führer, Bettina (2005): Werbung und Mythos. Grundlagen, Strategien, Praxis. Saarbrücken: VDM, Müller.

Gaiser, Brigitte (2005): „Brennpunkt Markenführung. Aufgabenbereiche und aktuelle Problemfelder der Markenführung." In: Gaiser et al. (2005): Praxisorientierte Markenführung. Neue Strategien, innovative Instrumente und aktuelle Fallstudien. Wiesbaden: Gabler, S. 7 – 24.

Geyer, Carl-Friedrich (1996): Mythos. Formen, Beispiele, Deutungen. München: Beck.

Glassen, Peter (2010): Markenmythos. Mythologische Bilder in der Markenwerbung. Eine semiologisch-ikonologische Analyse. Dissertation an der Philosophisch-Historischen Fakultät der Universität Basel.

Gopal, Bharathi S. (2006): From Mass Marketing to New Age Promotions. Online im Internet: http://de.slideshare.net/sum86/marlboro-7243804 (Zugriff am: 01.11.2012).

Görden, Michael; Meiser, Hans Christian (1994): Madonna trifft Herkules. Die alltägliche Macht der Mythen. Frankfurt am Main: Fischer Verlag GmbH.

Literaturverzeichnis

Grünewald, Stephan (2008): Von Knuddel-Bären und Mutterkühen: Die Erfolgs-Elf der deutschen Werbefiguren. rheingold. Online im Internet: http://www.rheingold-online.de/veroeffentlichungen/artikel/Von_Knuddel-Baeren_und_Mutterkuehen_Die_Erfolgs-Elf_der_deutschen_Werbefiguren_.html (Zugriff am: 10.10.2012).

Günther, Heinz (2011): Die Marlboro Cowboy stirbt ein zweites Mal! Online im Internet: http://www.divergenz-marketing.com/veroeffentlichungen/der-marlboro-cowboy-stirbt-ein-zweites-mal-.43.108.de.html http://www.divergenz-marketing.com/download.php?FILE=Marlboro[1].pdf (Zugriff am: 03.04.2012).

GWA (1985): Die Marlboro-Story Deutschland. www.gwa.de. Online im Internet: http://www.gwa.de/images/effie_db/1985/Marlboro_G84.pdf (Zugriff am: 01.11.2012).

Henderson, Joseph L. (1986): „Der moderne Mensch und die Mythen." In: Jung, C.G. (1986): Der Mensch und seine Symbole. 9. Aufl. Olten: Walter-Verlag, S. 104 – 157.

Heubach, Friedrich (1992): „Produkte als Bedeutungsträger. Die Heraldische Funktion von Waren. Psychologische Bemerkungen über den kommunikativen und imaginativen Gebrauchswert industrieller Produkte." In: Eisendle, R.; Miklautz, E. (Hrsg.): Produktkulturen. Dynamik und Bedeutungswandel des Konsums. Frankfurt am Main: Campus, S. 177 – 198.

Horx, Matthias (1996): Megatrends für die späten neunziger Jahre. 2. Aufl. Düsseldorf: Econ Verlag.

Horx, Matthias; Wippermann, Peter (1995): Markenkult. Wie Waren zu Ikonen werden. Düsseldorf: Econ Verlag.

Hüttel, Klaus (1998): Produktpolitik. 3. Aufl. Ludwigshafen (Rhein): Kiehl.

Imdahl, Ines (2012): „Don´t be a maybe: Die Zigarettenmarke Marlboro versucht, die Gesellschaft zu Entschiedenheit zu bewegen. Ein mutiger, aber riskanter Ansatz." In: Handelsblatt, Nr. 135/2012. 16. Juli 2012.

Jeges, Oliver (2012): Generation Maybe hat sich im Entweder-oder verrannt. DIE WELT. Online im Internet: http://www.welt.de/debatte/kommentare/article13939962/Generation-Maybe-hat-sich-im-Entweder-oder-verrannt.html (Zugriff am: 04.03.2012).

Jeier, Thomas (2011): Das große Buch vom Wilden Westen. Die Pionierzeit Amerikas. Wien: Ueberreuter.

Karmasin, Helene (2004): Produkte als Botschaften. 3. Aufl. Frankfurt am Main: Wirtschaftsverlag Carl Ueberreuter.

Kartte, Felix (2012): Die Generation der „Maybes". „Wir sind keine Jammerlappen". Taz. Online im Internet: http://www.taz.de/!91135/ (Zugriff am: 20.11.2012).

Katholnig, Simona (o.J.): Marlboro Global Marketing Strategy. Online im Internet: http://de.slideshare.net/SimonaChindea (Zugriff am: 01.11.2012).

Kehrer, Rico (2001): „Marke und Mythos. Eine kulturwissenschaftliche Betrachtung des betriebswirtschaftlichen Phänomens Marke." In: Die Marke. Symbolkraft eines Zeichensystems. Bern, Stuttgart, Wien: Paul Haupt, S. 198–217.

Kindervater, Annabelle (2001): Die Marke als dynamisches Zeichensystem. Eine Betrachtung der Marke auf Basis semiotischer Erkenntnisse als Chance für das Markenmanagement. Unveröffentlichte Diplomarbeit. Hochschule Pforzheim.

Kotler, Philip; Bliemel, Friedhelm (2006): Marketing-Management. Analyse, Planung und Verwirklichung. 10. Aufl. München [etc.]: Pearson Studium.

Langer, Thomas; Esch, Franz-Rudolf; Langner, Tobias (2009): „Westfälische Provinzial Versicherung: Relaunch einer Traditionsmarke." In: Esch, F.-R., Armbrecht, W. (Hrsg.): Best Practice der Markenführung. Wiesbaden: Gabler, S. 101 – 119.

Lévi-Strauss, Claude (1992): Mythos und Bedeutung. 5. Aufl. Frankfurt am Main: Suhrkamp.

Linxweiler, Richard (2004): Marken-Design. Marken entwickeln, Markenstrategien erfolgreich umsetzen. Wiesbaden: Gabler.

Mark, Margaret; Pearson, Carol S. (2001): The hero and the outlaw. Building extraordinary brands through the power of archetypes. New York: McGraw-Hill.

Meffert, Heribert; Burmann, Christoph (2005): „Theoretisches Grundkonzept der identitätsorientierten Markenführung." In: Meffert; Burmann; Koers (Hrsg.), 2005: Markenmanagement. Identitätsorientierte Markenführung und praktische Umsetzung. Mit Best Practice-Fallstudien. 2. Aufl. Wiesbaden: Gabler, S. 38 – 72.

Meffert, Heribert; Burmann, Christoph; Koers, Martin (2002): „Stellenwert und Gegenstand des Markenmanagement." In: Meffert, H.; Burmann, C.; Koers, M. (Hg.) (2002), Markenmanagement - Grundfragen der identitätsorientierten Markenführung. Wiesbaden: Gabler, S. 3 – 15.

Menzel, Michael (1993): In: E. Merck (Hrsg.), Sind die Marken noch glaubwürdig? 3. Internationales Iriodin Design-Forum. Darmstadt, S. 49 – 60.

Möntmann, Hans G. (2002): „Zigarettenmarkt: Bühne frei für die Markenvirtuosen." In: absatzwirtschaft, (2002), Nr. 5, S. 34. Online im Internet: http://www.absatzwirtschaft.de/content/_p=1004040,sst=wvUKOAieR6tj%252fuShu5ssyHQSMFR3bvAG.

Mülherr, Silke (2012): Vergesst die Generation-Labels, hört auf zu heulen. DIE WELT. Online im Internet: http://www.welt.de/debatte/kommentare/article13949167/Vergesst-die-Generation-Labels-hoert-auf-zu-heulen.html (Zugriff am: 20.11.2012).

Müller, Horst M. (Hrsg.): (2002): Arbeitsbuch Linguistik. Eine Einführung in die Sprachwissenschaft. 1. Aufl. Paderborn [u.a.]: Schöningh.

Niederer, Rolf (2007): Alles, was Recht ist. Neue Zürcher Zeitung. Online im Internet: http://www.nzz.ch/aktuell/startseite/articleF6SBY-1.364358 (Zugriff am: 20.11.2012).

Nöth, Winfried (2000): Handbuch der Semiotik. 2. Aufl. Stuttgart: Metzler.

Pelikan, Werner (2005): Mythen und Mythenbildung in Kunst und Werbung. Grundmuster der Kommunikation. Thesen und Beispiele. Universität Kassel. Online im Internet: http://kobra.bibliothek.uni-kassel.de/bitstream/urn:nbn:de:hebis:34-2391/1/dis2261_20.pdf (Zugriff am: 15.07.2012).

Rheingold (2008): Cover and Impact Strategy. rheingold. Institute for Qualitative Market and Media Research. Morphological Research - Cover and Impact Strategy. Online im Internet: http://www.rheingold-online.com/institut/cover-impact-stategy_e.html (Zugriff am: 04.03.2012).

Rome (2011): John Wayne, Hollywoodlegende, Konvertit und Katholik. Kath.net. Online im Internet: http://www.kath.net/detail.php?id=33364 (Zugriff am: 20.11.2012).

Salviti, Rita (2005): Revival alter Marken. Grin. Online im Internet: http://www.diplomarbeiten24.de/vorschau/55317.html (Zugriff am: 25.10.2012).

Scheib, Thorsten (2012): Director Marlboro, Philip Morris: Vortrag "Die Entwicklung der weltweit führenden Tabakmarke Marlboro". Pforzheim, 25.05.2012: ReFill - the brand event.

Schnell, Ralf (2000): Metzler Lexikon Kultur der Gegenwart. Themen und Theorien, Formen und Institutionen seit 1945. Stuttgart: J.B. Metzler.

Schwenn, Axel (2012): „Leo Burnett Maybe eine große Kampagne." In: W&V, 14/2012, S. 14. Online im Internet: http://www.wiso-net.de/webcgi?START=A60&DOKV_DB=ZECO&DOKV_NO=WUVA51700186&DOKV_HS=0&PP=1 (Zugriff am: 23.11.2012).

Segal, Robert Alan (2007): Mythos. Eine kleine Einführung. Stuttgart: Reclam.

Sommer, Rudolf (1998): Psychologie der Marke. Die Marke aus der Sicht des Verbrauchers. Frankfurt am Main: Dt. Fachverl.

Sova, Alexander (2007): „Strategien einer erfolgreichen Markenrevitalisierung - Eine Untersuchung zur Wiederbelebung marktabsenter Konsumgütermarken." In: transfer Werbeforschung & Praxis, 01/07, S. 36 – 39. Online im Internet: http://www.transfer-zeitschrift.net/cms/upload/PDFs_Artikel/2007/01_2007/Transfer_S.31-64.pdf (Zugriff am: 18.09.2012).

Spiegel Online (2001): Bully schlägt Otto. Spiegel.de - Kultur. Online im Internet: http://www.spiegel.de/kultur/kino/erfolgreichster-film-bully-schlaegt-otto-a-163968.html (Zugriff am: 20.11.2012).

Stachura, Elisabeth (2011): Der Marlboro-Mann fehlt! Neuroanker – Blog für neurowissenschaftliche Markenverankerung. Online im Internet: http://www.neuroanker.de/blog-post/der-marlboro-mann-fehlt (Zugriff am: 04.03.2012).

Tabak Zeitung (2012): „Starker Auftritt am Point-of-Sale / Ab Mitte Februar Theken-Dispenser am Verkaufsort „Don't be a Maybe": Neue Marlboro-Kampagne fordert klare Entscheidungen." In: Die Tabak Zeitung, Nr. 006/2012. Online im Internet: http://www.wiso-net.de/webcgi?START=A60&DOKV_DB=ZECO&DOKV_NO=DTZ32943041&DOKV_HS=0&PP=1.

Wang, Kitty (2003): From Women to men. Online im Internet: http://de.slideshare.net/kittyki/marlboro (Zugriff am: 29.11.2012)

West, Katherine M. (o.J.): The Marlboro Man: The Making of an American Image. Online im Internet: http://xroads.virginia.edu/~CLASS/AM483_95/projects/marlboro/mman.html (Zugriff am: 29.11.2012)

Wieking, Klaus (2012): „„Maybe" läuft wieder." In: Der Kontakter, (2012), Nr. 45/2012, S. 6.

Wippermann, Peter; Angerer, Maria (2012): Freiheit ist Autonomie. Thesen zum heutigen Begriff der Freiheit. Werte-Index 2012. Online im Internet: http://www.werteindex.de/blog/freiheit-ist-autonomie-thesen-zum-heutigen-begriff-der-freiheit/ (Zugriff am: 20.11.2012).

Zschiesche, Arnd; Errichiello, Oliver (2008): Markenkraft im Mittelstand. Was Manager von Schwarzenegger und dem Papst lernen können. Wiesbaden: Gabler.